普华文化
PUHUA BOOKS

我
们
一
起
解
决
问
题

· AI应用实战丛书 ·

玩转
ChatGPT

秒变AI文案创作高手

唐振伟◎编著

人民邮电出版社

北　京

图书在版编目（CIP）数据

玩转ChatGPT. 秒变AI文案创作高手 / 唐振伟编著
. -- 北京 : 人民邮电出版社，2024.1
（AI应用实战丛书）
ISBN 978-7-115-63285-2

Ⅰ. ①玩… Ⅱ. ①唐… Ⅲ. ①计算机应用—写作
Ⅳ. ①H05-39

中国国家版本馆CIP数据核字(2023)第239675号

内 容 提 要

　　这是一本聚焦于如何利用ChatGPT辅助创作"爆款"文案的实用手册。全书分为8章，第1章从整体上介绍了ChatGPT在"爆款"文案创作中的应用，第2章至第8章分别围绕营销文案、推广文案、广告文案、商品详情页文案、直播带货文案、个性化自媒体文案和朋友圈文案介绍了ChatGPT的应用，并说明了各类文案的创作技巧和优化方法。

　　本书适合所有对ChatGPT辅助文案创作感兴趣、希望创作"爆款"文案的读者阅读。无论您是专业的文案创作人员，还是在日常工作中需要写作文案的其他人员，本书都可以帮助您提升文案创作的质量和效果，创作出更多的"爆款"文案。

◆编　　著　唐振伟
　　责任编辑　陈　宏
　　责任印制　彭志环
◆人民邮电出版社出版发行　　北京市丰台区成寿寺路11号
　邮编 100164　电子邮件 315@ptpress.com.cn
　网址 https://www.ptpress.com.cn
　三河市中晟雅豪印务有限公司印刷
◆开本：880×1230　1/32
　印张：8　　　　　　　　　　　2024年1月第1版
　字数：150千字　　　　　　　　2024年1月河北第1次印刷

定　价：59.80元
读者服务热线：（010）81055656　印装质量热线：（010）81055316
反盗版热线：（010）81055315
广告经营许可证：京东市监广登字20170147号

序一

在这个信息爆炸的时代，几乎所有职场人士、自由职业者、学生、老师和创业者都面临信息过载的挑战。为了应对这一挑战，我们迫切需要一种能够帮助我们过滤海量信息、将注意力集中于核心问题、迅速准确地找到答案的工具。

ChatGPT 正是这样一种强大的工具，它的诞生和快速发展对相关应用领域产生了重要影响，甚至掀起了革命性的变革，不仅大大提高了工作效率，而且改变了解决问题的方式，充分释放了人工智能的无限潜力。

ChatGPT 是由 OpenAI 团队开发的一个自然语言处理大模型，基于深度学习和大规模训练数据，能够理解人类语言并生成逻辑连贯的回答。它极大地提升了工作与生活的便利性及效率。未来，无论是在商业领域还是在个人工作与生活中，ChatGPT 都将扮演极其重要的角色，很可能成为不可或缺的辅助工具之一。

当今的市场竞争异常激烈，如何通过文案吸引潜在客户和商家的注意力是一个重要的问题。《玩转 ChatGPT：秒变 AI 文案创作高手》这本书为你提供了实用的指南，可以帮助你在文案创作领域形成自己的优势。

ChatGPT 是一种基于人工智能技术的工具，它可以根据你的

需求和描述，快速生成引人注目的"爆款"文案，吸引目标受众的眼球，准确地向他们传递重要信息。无论你从事的工作是广告制作、市场营销还是品牌推广，ChatGPT 都能为你提供创意和灵感，让你创作的文案脱颖而出。

《玩转 ChatGPT：秒变 AI 文案创作高手》详细介绍了如何使用 ChatGPT 创作文案，以及如何通过情感营销、故事叙述等技巧打动读者。通过阅读本书，读者将了解到如何挖掘产品或服务的独特卖点，如何通过有限的字数有效地传递信息乃至价值观。这些技能将使你成为一位优秀的文案创作者，并给你的业务和品牌带来更大的成功。

无论你是刚入行的新手还是经验丰富的专业人士，《玩转 ChatGPT：秒变 AI 文案创作高手》都是你不可或缺的指南。它将为你提供全面而实用的指导，让你的文案创作能力得到提升，从而在竞争激烈的市场中脱颖而出。相信通过学习书中内容及大量实践，你将成为一位出色的文案创作者。

当然，我们必须保持清醒的头脑，充分认识到技术的局限性，避免过度依赖 ChatGPT 或其他技术和工具。科技是为人类服务的工具，人工智能并不能取代人类思维。

未来，人人都会成为 AIGC（人工智能生成内容）工具的使用者。ChatGPT 将和其他 AIGC 工具一起，成为我们生活和工作中的伴侣，为我们筛选、解读海量信息，帮助我们高效工作，创造更加美好的未来。

让我们一起拥抱人工智能时代，共同创造高效、高质、高能的工作与生活方式吧！

去哪儿旅行技术总监、业务架构 SIG 负责人、人工智能委员会常委

郑吉敏

2023 年 12 月 5 日

序二

在这个数字化营销的时代，一篇引人入胜的文案具有难以估量的能量，不仅可以塑造品牌形象，还能直接带来显著的经济效益。唐振伟先生的新书《玩转 ChatGPT：秒变 AI 文案创作高手》是一部不可多得的宝典，为所有希望在商业世界中脱颖而出的文案创作者和营销人员指明了方向。

作为一名长期关注和研究人工智能的工作者，我深知 AIGC 工具在现代营销中的应用潜力。唐振伟先生的这本书不仅详细介绍了 ChatGPT 等工具的使用技巧，还提供了如何运用这些工具创作引人注目的营销文案的实用策略。从解析技术原理到实际应用案例，本书全面涵盖了各类文案，包括营销推广文案、广告文案和直播带货文案等。

本书不仅是一个技术指南，还能启发读者进行深入的思考和有效的创新。通过阅读本书，读者将学会如何将 ChatGPT 这一强大工具用于日常的文案创作工作，显著地提升工作效率及文案的质量。

我把《玩转 ChatGPT：秒变 AI 文案创作高手》推荐给所有希望在文案创作领域取得突破的人。让我们一起跟随唐振伟先生的指导，探索 AI 在文案创作中无限的应用潜力，进而创造巨大的商业价值吧！

祝您阅读愉快，并在创作的旅途中取得丰硕的成果！

北京人工智能学会副秘书长

朱晓庆

2023 年 12 月 6 日

前言

文案的力量究竟有多大？

一篇文案可以打造一个"爆款"产品，甚至可以"挽狂澜于既倒"，拯救一家濒危的企业。在当今的商业世界中，文案的重要性再怎么强调都不过分。

那么，如何才能批量化地创作出"爆款"文案呢？我们要学会利用 ChatGPT 等 AIGC 工具来辅助创作"爆款"文案，提高效率、提升质量。只要用对了、用好了工具，人人都能变身为"爆款"文案创作高手，在商业世界中创造更大的价值！

本书正是为实现这一目标而创作的，它将带领你进入文案创作的新时代。

本书探讨了如何利用 ChatGPT 创作"爆款"文案，并深入介绍了各类文案的创作技巧和优化方法。第 1 章的主要内容包括：ChatGPT 的技术原理和使用技巧，ChatGPT 在文案创作中的应用，如何利用 ChatGPT 了解受众需求、提升数据分析能力，"爆款"文案创作五步法，以及其他创作技巧。第 2 章至第 8 章的主题及主要内容分别如下。

第 2 章的主题是营销文案，主要内容包括：营销文案的"三大必杀技"，如何利用 ChatGPT 给营销文案增色，包括平面媒体

营销文案和直播营销文案等。

第 3 章的主题是推广文案，主要内容包括：如何利用 ChatGPT 提升品牌知名度和曝光度，吸引潜在客户，提升转化率，如何利用 ChatGPT 创作产品、活动和品牌推广文案等。

第 4 章的主题是广告文案，主要内容包括：广告文案的"三个锁定"，如何利用 ChatGPT 增强广告文案的销售力，包括产品广告文案和企业形象宣传文案。

第 5 章的主题是商品详情页文案，主要内容包括：商品详情页的"三个呈现"，如何利用 ChatGPT 创作"成单力"十足的商品详情页文案，具体步骤包括挖掘商品卖点与差异性、生成商品详情文案、提高文案的表达精准性等。

第 6 章的主题是直播带货文案，主要内容包括：撰写直播带货文案的三个步骤，如何利用 ChatGPT 创作让业绩倍增的直播带货文案，具体步骤包括确定直播产品核心卖点、生成暖场带货文案、提高文案的转化率等。

第 7 章的主题是个性化自媒体文案，主要内容包括：彰显个性与魅力、提升体验感和传播力、提升参与度和转化率的重要性，如何利用 ChatGPT 创作个性化自媒体文案，具体步骤包括收集数据与分析需求、创作自媒体文案、提升文案的展现力等。

第 8 章的主题是朋友圈文案，主要内容包括：引发共鸣、展现自己和广而告之的"三维一体"策略，如何利用 ChatGPT 创作引人关注的朋友圈文案，如何提高文案的关注度。

本书提供了大量的案例，涵盖了 ChatGPT 辅助创作文案的多个场景。希望本书能帮助您将文案创作水平推向一个新的高度，进而创造更大的商业价值！让我们一起进入文案创作的新时代！

目录

第3章 ● 推广文案：让你的推广"事半功倍"

第4章 ● 广告文案：找回广告费中"被浪费的一半"

第 5 章　商品详情页文案：精彩呈现，让订单像雪花般飞来

第 6 章　直播带货文案：帮你快速涨粉涨收益

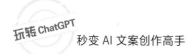

第8章 ● 朋友圈文案：让你的朋友圈价值百万

第 1 章

ChatGPT 在『爆款』文案创作中的应用

1.1　ChatGPT 的技术原理和使用技巧

1.1.1　ChatGPT 的技术原理与实践应用

一、ChatGPT 简介及其应用

1. ChatGPT 的定义和原理

用户提问：

> 介绍 ChatGPT 的定义和原理，请用生动形象的语言，让小学生也能看得懂。

ChatGPT 回答：

> ChatGPT 是一个使用人工智能技术开发的聊天机器人，它可以像一位智能小伙伴一样与我们进行对话。就像跟朋友聊天一样，你可以向 ChatGPT 提问，它会根据自己学到的知识和经验给出回答。
>
> 那么，ChatGPT 是怎么做到这些的呢？它的原理是基于一个很大的模型，这个模型就好比它的大脑。这个模型可以学习大量的图书、文章、新闻等，从中获取知识并理解语言的含义。就像小朋友通过读书来学习知识一样，ChatGPT 也是通过阅读大量的文字来学习的。

ChatGPT 的学习过程有点像你学习语文或英语。模型首先了解句子的结构和语法规则，然后学会理解单词的意思，进而学会将不同的单词组合成有意义的句子。当你向 ChatGPT 提问时，它会尽力去理解你的问题，并试图给出一个合理的答案。

当然，ChatGPT 并不是完美的。有时候它可能会犯一些错误或者给出不太准确的答案，就像小朋友在学习语文时也会犯错一样。但是随着时间的推移，ChatGPT 会不断学习和改进自己，变得越来越聪明。

总而言之，ChatGPT 就像一位能回答问题的智能朋友，它通过学习大量的知识和语言规则来理解我们的问题，并给出回答。尽管它还不完美，但我们可以期待它在未来变得更加聪明和有趣。

（以上内容由 ChatGPT 生成，未改动）

简单地说，ChatGPT 的聊天能力是通过训练来实现的。

在预训练阶段，它学习了海量的语言数据，从中梳理出语言结构、语法规则和概率分布等信息，从而能够理解语句中每个单词的含义，把它们组合成有意义的句子，并根据对话上下文连贯地回答问题。

在微调阶段，它通过强化学习算法不断修正语言生成模型，从而能够更加准确地回答问题。这个过程好比我们跟朋友聊天，聊一段时间之后，我们就可以总结经验，逐渐改进自己的聊天技巧。ChatGPT 也是这样的，通过强化学习、不断反馈和不断优化，变得越来越擅长回答各种问题。

2. ChatGPT 的应用领域

ChatGPT 可应用于多个领域，具体如下。

（1）对话机器人：人机交互、客户服务、问答系统等。

（2）虚拟助手：回答常见问题、提供实用信息和建议等。

（3）文字生成：自动生成文案、作曲、文学创作等。

（4）社交媒体：智能回复、推荐系统和内容生成等。

（5）教育领域：智能辅导、答题评分和学习伴侣等。

3. ChatGPT 的发展历程

ChatGPT 的发展经历了以下几个重要阶段。

（1）GPT（Generative Pre-trained Transformer）。最初的 GPT 模型利用 Transformer 架构进行预训练，可以生成连贯的文本，但在对话任务上表现一般。

（2）DialoGPT。为了适应对话任务，研究人员在 GPT 模型的基础上进行了改进，引入了多轮对话数据进行预训练，使生成的回复更加合理、连贯。

（3）ChatGPT。OpenAI 发布的 ChatGPT 对话能力进一步增强，通过强化学习方法进行微调，降低了生成不合理回复的概率。

二、用 ChatGPT 创作文案的方法和技巧

1. 输入准备

将问题或需求以清晰简洁的方式发送给 ChatGPT，确保问题完整。

2. 多样性设置

温度参数用于控制生成回复的多样性。温度值较高（如 0.8）时，回复会有更多的随机性和创造性；温度值较低（如 0.2）时，回答会更加保守和一致。

3. 评估和筛选

ChatGPT 基于预训练数据生成回复，因此可能产生错误或输出不合理的回答。在使用 ChatGPT 创作文案时，我们应进行人工评估和筛选，选择最合适的回复。

4. 上下文管理

适当管理和处理对话的上下文，可以确保生成的回复与前文的关联性，并满足用户需求。

5. 迭代优化

根据实际应用情况和用户反馈不断地对文案进行迭代优化，

可以提升生成文案的质量和适用性。

三、ChatGPT 文案创作实践案例与经验总结

在电商平台上，ChatGPT 可以用于自动生成产品描述、促销文案等。

在社交媒体平台上，ChatGPT 可以用于生成有趣的评论、回复和互动内容。

在客户服务中，ChatGPT 可以作为虚拟助手，回答常见问题或提供解决方案。

在创作领域中，ChatGPT 可以用于辅助写作，提供灵感和构思。

为了更好地应用 ChatGPT，建议根据具体需求和场景，进行数据预处理、模型微调和后期优化，以达到更好的效果。

通过以上方法和技巧，并结合实际案例和经验，用户可以更好地应用 ChatGPT 创作文案。在使用过程中，用户应特别关注上下文管理、评估筛选和迭代优化，以确保生成文案的质量和适用性。

四、实际案例：使用 ChatGPT 创作社交媒体推文

假设某电子产品品牌想在社交媒体上发布一条吸引人的推文，以促进新款产品的销售。

用户提问：

我们的新款智能手表即将上市！它不仅可以跟踪健康数据和接收通知，还能与智能助手互动。你最喜欢什么功能呢？以此生成一篇推文并总结经验。

ChatGPT 回答：

生成的推文如下。

新款智能手表即将上市！打破常规，让你与世界更亲近。跟踪健身数据，在线支付，随时提醒日程。这个夏天，秀出你的时尚感和科技感！你最喜欢的功能是什么呢？告诉我们！#智能手表#科技新品

经验总结如下。

（1）**引起注意**：使用相关的表情符号和吸引人的文字来增强推文的视觉吸引力。

（2）**突出特点**：在推文中突出产品的核心功能和卖点，以此吸引潜在用户。

（3）**鼓励互动**：鼓励读者参与互动，例如，询问他们最喜欢的功能或分享他们的想法。

（4）**利用热门标签**：使用相关的热门标签来提高推文的曝光率，吸引更多的用户点击和转发。

（5）**简洁明了**：推文应简短且易于理解，避免使用冗长

或复杂的句子。

通过总结经验，品牌方可以使用 ChatGPT 生成吸引人的社交媒体推文，以提升用户对产品的关注和购买意愿。同时，品牌方应根据实际情况和用户反馈，不断优化和调整 ChatGPT 生成的内容，以增强推文的效果。

（以上内容由 ChatGPT 生成，未改动）

1.1.2　向 ChatGPT 提问的技巧

一、向 ChatGPT 提问的魔法钥匙——提示词

在与 ChatGPT 对话之前，了解如何提出具有针对性的问题是非常重要的。以下是一些技巧，它们可以帮助你更有效地向 ChatGPT 提问。

1. 如何提出具有针对性的问题

（1）提供背景信息：在问题中提供相关的背景信息，让 ChatGPT 了解问题背景。

（2）清晰明确：确保语言简单明了，避免产生歧义。

（3）具体问题：尽量提出具体的而不是笼统的问题，这样 ChatGPT 可以生成更加准确的回答。

2. 让 ChatGPT 执行特定任务

（1）使用指令：我们可以使用指令让 ChatGPT 执行具体的任务，如"请列举狗的五个特点"。

（2）明确需求：在提问中明确表达我们想要的结果，让 ChatGPT 知道如何回答我们的问题。

3. 利用上下文引导对话

（1）提供上下文：在对话中提供相关的上下文，帮助 ChatGPT 更好地理解我们的问题。

（2）参考 ChatGPT 的回答：根据 ChatGPT 的回答进一步提问或引导对话，以获得更准确的回答。

二、控制、优化 ChatGPT 生成的文本

在与 ChatGPT 对话时，有一些技巧可以帮助我们更好地控制、优化 ChatGPT 生成的文本。

1. 筛选和编辑 ChatGPT 生成的文本

（1）删除无用信息：ChatGPT 可能会生成一些多余或不相关的内容，我们可以删除或编辑这些内容，保留有用的内容。

（2）选择合适的答案：如果 ChatGPT 生成了多个答案，我们可以选择其中最合适的一个。

2. 评估和调整回答的质量

（1）根据上下文评估回答：将 ChatGPT 的回答与上下文比对，评估其准确性和相关性。

（2）重新生成回答：如果 ChatGPT 的回答不能满足我们的需求，我们可以向其提供更多的信息或要求其重新生成回答。

3. 处理不完整或不准确的回答

（1）追问：如果 ChatGPT 的回答不完整或不准确，我们可以追问，帮助它更好地理解我们的意图。

（2）重述问题：如果 ChatGPT 没有正确地回答我们的问题，我们可以尝试以不同的方式重述问题，使其准确理解我们的问题。

记住，使用 ChatGPT 的过程是一个互动的过程，我们只有灵活运用这些技巧，才能与 ChatGPT 进行更有效的沟通，获得更准确的回答。只有不断地探索和实践，才能发现 ChatGPT 的潜力和魅力！

1.2　ChatGPT 在文案创作中的应用

1.2.1　利用 ChatGPT 实现知彼知己

要想创作"爆款"文案，我们首先要想清楚，我们的客户有哪些关键痛点，有哪些棘手问题让他们如坐针毡。

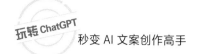
其次，我们要"认识自己"！我们能给客户带来什么不可替代的价值？我们的核心竞争力在哪里？我们在解决客户的痛点问题方面有哪些独到之处？能否立即帮客户关掉"痛苦开关"？

通过 ChatGPT 等工具，我们可以更好地了解目标受众的需求和痛点。通过与 ChatGPT 互动，我们可以获取更多的数据和信息，了解目标受众的喜好、偏好、需求和期望。这样，我们就能深入洞察目标受众的内心世界，准确把握他们的需求，为他们提供更有针对性和更加个性化的解决方案。

在 ChatGPT 的帮助下，我们可以更深入地"认识自己"，发现自己的核心竞争力和独特之处，审视自己的产品或服务与竞争对手相比优势在哪里，如技术创新、高效的服务流程、卓越的客户体验或个性化定制等，将其准确地传达给目标受众。

最后，为了创作出真正的"爆款"文案，我们不能完全依赖 ChatGPT 等工具，而应将其作为辅助工具，充分发挥自身的智慧和洞察力。ChatGPT 生成的内容有一定的局限性，我们要对其进行优化和补充，始终保证人类智慧占据主导地位。

只有在知彼知己的基础上，我们才能真正进入目标受众的内心世界，创作出让他们无法抗拒的"爆款"文案！

1.2.2　利用 ChatGPT 增强数据分析能力

一、利用 ChatGPT 了解目标受众与产品定位

当利用 ChatGPT 了解目标受众及产品定位时，我们可以按照以下步骤进行。

1. 分析目标受众的特点和需求

通过与潜在用户、现有客户或市场调研人员对话，ChatGPT可以收集并分析数据，提炼出目标受众的特点和需求。

2. 确定产品的独特卖点和定位

我们可以与 ChatGPT 对话，介绍产品的特点和优势，然后询问它对产品的评价。ChatGPT 可以帮助我们确定产品的独特卖点和定位。

3. 描绘理想的用户画像

我们可以描述目标受众的特征、兴趣、喜好、行为等，然后向 ChatGPT 提问，让它帮助我们描绘理想的用户画像，并进一步细化和完善这个画像。

ChatGPT 还可以结合市场调研数据、行业洞察及消费者行为模型，帮助我们更准确地描绘理想的用户画像。

通过与 ChatGPT 互动，我们可以获得关于目标受众和产品定位的重要信息。

然而，ChatGPT 是基于训练数据生成回答的，并不掌握实时的市场数据，因此我们在制定决策时还要综合考虑其他因素。

二、以某品牌人体工学办公椅为例，分析目标受众和产品定位

用户提问：

以一款将"撑腰护背、久坐不累"作为主要卖点的某品牌人体工学办公椅为例，详细分析其目标受众和产品定位，举例说明 ChatGPT 如何增强用户的数据分析能力。

ChatGPT 回答：

某品牌人体工学办公椅的目标受众主要是长时间坐在办公室里工作或学习的人群，如白领、学生和自由职业者等。这款办公椅的产品定位是帮助使用者采用健康的坐姿，以减轻长时间坐着所带来的不适及健康问题。

在这个人体工学办公椅的案例中，ChatGPT 可以增强用户的数据分析能力，以下是一些具体应用。

1. 用户调查和需求分析

通过与 ChatGPT 交互，用户可以制定调查问卷或讨论指南，以了解目标受众对人体工学办公椅的具体需求和偏好。ChatGPT 可以提供问题设置的建议，并指导用户分析和解读调查数据，以更深入地了解目标受众的需求和期望。

2. 产品功能评估

ChatGPT 可以协助用户对人体工学办公椅的功能进行评估，并提供相关指导。用户可以向 ChatGPT 问有关人体工学原理的问题，以更好地理解产品的特点和优势。另外，ChatGPT 可以提供建议，帮助用户确定哪些功能和设计可以进一步优化，以满足目标受众的需求。

3. 数据分析和解释

用户可以将人体工学办公椅的销售数据、用户反馈等发送给 ChatGPT，以了解销售趋势、用户满意度及椅子设计成功与否。ChatGPT 可以帮助用户解读这些数据，识别关键指标和因素，并提供深入分析的建议，以便用户做出更明智的决策。在 ChatGPT 的帮助下，用户可以更深入地理解数据之间的关联。

4. 市场竞争分析

ChatGPT 可以协助用户收集和整理竞争对手的信息，包括定价策略、产品特色功能、营销活动等。通过与 ChatGPT 互动，用户可以获得关于市场竞争的深入见解，了解市场趋势、消费者喜好及自身的竞争优势，从而调整市场定位并优化销售策略。

综上所述，ChatGPT 作为辅助工具，能够增强用户的数据分析能力，使用户更好地理解目标受众需求，调整产品定位，提升市场竞争力。ChatGPT 可以提供指导和建议，辅助

用户进行产品功能评估、数据分析和解释、市场竞争分析，从而更好地满足目标受众的需求，并取得商业上的成功。

（以上内容由 ChatGPT 生成，未改动）

当然，ChatGPT 不仅可以帮助用户（文案创作者）做到知彼知己，找准目标受众与产品定位，增强用户的数据分析能力，还可以大大提升用户创作文案的效率和质量，帮助用户创作出"爆款"文案！

1.3　利用 ChatGPT 辅助创作"爆款"文案

所谓"爆款"文案是指能够在短时间内吸引大量目标受众的文案。要创作一篇"爆款"文案，就要注意文案的亮点、感性与理性的结合、情感色彩等。

ChatGPT 可以作为辅助工具，大幅提升文案创作者的创作效率和质量，帮助创作者写出更优秀的文案。

创作者可以提供关于产品或服务的信息，让 ChatGPT 自动生成风格各异、角度不同的文案，然后从中选出最优秀、最符合品牌理念的文案。

ChatGPT 可以根据用户输入的关键词和参数生成极具创意和吸引力的标题和简介，使文案获得更高的曝光率和点击率。

1.3.1　"爆款"文案创作五步法——EUISF 模型

"爆款"文案创作五步法如下。

第一步，吸引眼球（Engage，吸引）：赶紧看过来！

第二步，深挖痛点（Unearth，挖掘）：你的痛点我知道！

第三步，激发欲望（Inspire，激发）：我有解决方案！

第四步，加强佐证（Support，支持）：别人都说好！

第五步，促进成交（Facilitate，促进）：赶快行动起来！

下面具体解释每个步骤的意思。

1. 吸引眼球

使用引人注目的语言或独特的表达方式来吸引读者的注意力，让读者觉得我们很专业，引发读者的好奇心。

2. 深挖痛点

了解读者的需求和问题，并将其与我们的产品或服务联系起来。通过提问、解答问题或描述与读者相关的困扰，让读者感到我们真正理解并能解决他们的问题。

3. 激发欲望

强调我们的产品或服务的独特价值和优势，突出其解决读者问题的能力。使用有创意的语言和情感化的描述，激发读者对我

们的解决方案的渴望和追求。

4. 加强佐证

提供具体的证据和支持，如客户评价、真实数据或专业认可等，以增强读者对我们的产品或服务的信任。

5. 促进成交

通过明确的行动指引推动交易的达成，可以使用紧急促销、限时折扣或其他激励措施，鼓励读者立即采取行动。

这五个步骤的目标是创作出引人注目、能引起目标受众兴趣和共鸣的"爆款"文案。"爆款"文案创作五步法可以帮助我们有效地传达产品或服务的价值，解决读者的问题，促使读者采取行动。

我们可以让 ChatGPT 以举例的方式详细解释以上五个步骤。

用户提问：

请以举例的方式详细解释"爆款"文案创作五步法的每个步骤。

ChatGPT 回答：

"爆款"文案创作五步法——EUISF 模型：打造吸引人的文案

一、吸引眼球

你好呀！请允许我骄傲地说，你的眼光一级棒！看到你的问题，我仿佛听到天使在耳边轻声呢喃："你这个问题，我要回答！"没错，刚刚那只是练习，现在正式开启"问题解决模式"。告诉我，你想知道什么，我都会给你一个满意的答案。无论是科技信息、生活妙招还是悬疑解谜，尽管来，我将用知识为你驱散疑惑！

二、深挖痛点

痛苦，就像千万只小蚂蚁在你的肌肤上啃咬！我可以感受到你内心的焦虑和困惑。别担心，我对痛点可是相当敏感的！无论是程序中的缺陷，还是生活中的烦恼，只要告诉我，我就会像一名医生，为你提供治疗方案。不管你的问题是"代码被人肆意修改"还是"太阳穴很痛"，我都能为你提供解决问题的办法！

三、激发欲望

嘿！兄弟姐妹们，听好了！我这里有一颗能解决问题的魔法药丸，让你不再痛苦。人生就像一场马拉松，你风雨兼程，但别担心，这药可是终点的彩虹！无论你需要独门技巧还是情感支持，我都可以帮助你。别问我是怎么做到的，因为我是 ChatGPT，只要你相信我，幸福就在转角！

四、加强佐证

别听那些花言巧语，我这里有铁打的证据！想知道这个新产品是否好用？让数据说话！从用户口碑到科学证明，我这里应有尽有。你需要了解市场趋势？我可以做数据分析；你关心产品质量？我可以分析实验报告。不信的话，就来试试吧！让我为你讲一个生动的故事！

五、促进成交

亲爱的，你还在犹豫什么？让我为你服务，让问题远离你！想象一下，当你唉声叹气时，我会像一名医生，忠诚地为你效劳。我不仅可以为你提供无穷的智慧和帮助，还可以为你提供一份特别的礼物。如果你觉得花钱买服务是痛苦的，那么等问题解决后，你就会明白，这次"消费"是多么划算的一笔投资！

嘿，你已经看到这里了吗？那就别再犹豫了，快来使用我提供的服务吧！我会以幽默风趣的方式回答你的问题，给你一个愉快的体验。

相信我，我将是你的最佳搭档！所以，不要再观望了，点击购买，让我们一起开始愉快的探索之旅吧！记住，解决问题，只需轻轻点击！

（以上内容由 ChatGPT 生成，未改动）

用户追问：

请按照以上五个步骤，以××地产旗下玫瑰庄园别墅项目为例，写一篇面向净资产上亿元的企业家群体的"爆款"文案，内容要能彰显他们的独特品味、独特眼光。这个别墅项目单户售价在 3000 万元～ 4000 万元，核心客户群体是 30 ～ 50 岁的企业家。

ChatGPT 回答：

步骤一：吸引眼球

寻找独一无二的豪华住宅？追求与众不同的非凡生活体验？××地产倾情呈现——玫瑰庄园别墅！献给那些实力不凡、品味卓越的成功人士，让您的独特光芒在这个世界闪耀！

步骤二：深挖痛点

你曾畅想过拥有一座自己的私人豪宅，每天与家人共同欣赏美景，感受至臻奢华吗？玫瑰庄园别墅满足您的所有梦想，为您打造一个完美的家。告别市区喧嚣，回归大自然怀抱，享受私密、安全的高品质生活。

步骤三：激发欲望

独特品味、独特眼光！玫瑰庄园别墅将成为您的身份和生活方式的象征。每栋别墅都由知名设计师亲自设计，为您精心打造出奢华的室内空间和优美的私家花园。无论品味艺术、追求舒适，还是享受社交、追求独立空间，您的愿望都能完美实现。

步骤四：加强佐证

投资极致奢华，守护财富传承！玫瑰庄园别墅项目位于

黄金地段，周边环境优美，临近高端商业中心和优质教育资源。每个细节都经过精心雕琢，确保您的投资得到最大回报。而且，××地产凭借多年的成功实践，已经成为业界的领军者，为您提供卓越品质和可靠保障。

步骤五：促进成交

现在就是您梦寐以求的机会！选择玫瑰庄园别墅，您将拥有一个令人艳美的家，并与众多成功人士共享美好社区。我们提供全方位的贴心服务，包括专属管家、私人俱乐部会员资格等。别再观望了，这是一次改变命运的机会！走进玫瑰庄园别墅，开启尊贵之旅！

以上就是针对××地产旗下玫瑰庄园别墅项目的"爆款"文案，旨在彰显企业家群体的独特品味和眼光。如果您有任何其他需求或进一步的问题，欢迎随时告诉我！

（以上内容由 ChatGPT 生成，未改动）

1.3.2 利用 ChatGPT 创作"爆款"文案的秘籍

一、利用 ChatGPT 激发创意与灵感

1. 挖掘创意的方法和技巧

（1）观察市场趋势并分析竞争对手。

（2）运用头脑风暴和思维导图。

（3）利用 ChatGPT 生成创意。

2. 培养创造力和创意思维

（1）增强观察力和想象力。

（2）形成能够激发创意的环境与习惯。

（3）探索不同领域的灵感来源。

用户提问：

如何利用 ChatGPT 激发文案创意与灵感？

ChatGPT 回答：

利用 ChatGPT 激发文案创意与灵感

1. 挖掘创意的方法和技巧

（1）观察市场趋势并分析竞争对手。ChatGPT 可以协助用户获取有关市场趋势和竞争对手的数据并进行分析。用户可以与 ChatGPT 讨论目标受众的需求和当前市场的竞争格局，从而挖掘出与产品相关的热点话题和关键卖点。用户可以询问 ChatGPT 对市场趋势和竞争对手的看法，获得独特的观点。

（2）运用头脑风暴和思维导图。在与 ChatGPT 的对话中，用户可以提供关于品牌、产品、目标受众等的信息，并与 ChatGPT 开展头脑风暴式的讨论，生成更多创意。用户可以让 ChatGPT 协助绘制思维导图，对各种创意和相关概念进行整理，以更好地管理文案创作过程。

（3）利用 ChatGPT 生成创意。ChatGPT 可以根据用户输入的关键词或问题，生成丰富多样的回答，包括创意观点、例子和情景描述，为文案创作提供灵感。用户可以提出关于产品特点、目标受众需求等方面的问题，并与 ChatGPT 进行对话，从中获取创意。

2. 培养创造力和创意思维

（1）增强观察力和想象力。ChatGPT 可以增强用户的观察力和想象力。用户可以向 ChatGPT 提供一些具体的情景或问题，询问其对不同创意的看法，以拓宽思路和激发想象力。

（2）形成能够激发创意的环境与习惯。用户在日常工作中应创造一个有利于激发创意的环境，如在书桌上多放一些创意类图书等。此外，还要刻意培养创意习惯，如每天写几个新点子、经常与 ChatGPT 互动等，以保持思维的活跃性。

（3）探索不同领域的灵感来源。ChatGPT 拥有丰富的知识和多领域的信息，可以提供面向不同行业、不同领域的灵感。用户可以与 ChatGPT 对话，探索不同领域的趣闻、故事等，将其应用到文案创作中，以获得独特的效果。

通过以上方法，用户可以利用 ChatGPT 有效地激发灵感并培养创意思维。请记住，提出真正有用的创意需要结合实际情况和目标受众的需求，还要进行筛选和评估，确保创作出来的文案能够准确地传达品牌信息并有效地吸引目标受众。

（以上内容由 ChatGPT 生成，未改动）

以上是 ChatGPT 在我们提供的写作提纲的基础上生成的内容，这些内容完全是按照既定的逻辑框架生成的，而且提供了具体案例。

在探索不同领域的灵感方面，ChatGPT 是一个百宝箱，如果我们能充分利用这一工具，就能让自己创作的文案更具创意和吸引力。

二、利用 ChatGPT 构建 "爆款" 文案的架构

1.设计开头，吸引读者注意力

（1）使用引言、问题或故事引入。

（2）引用数据或具有冲击力的事实。

（3）运用幽默或戏剧化手法。

2. 发展中间段，引发兴趣与共鸣

（1）提供相关信息和解决方案。

（2）强调情感诉求并叙述故事。

（3）引用客户案例或证明数据。

3. 构建结尾，引导行动与决策

（1）提出明确的呼吁和建议。

（2）创造紧迫感并突出限时优惠。

（3）鼓励分享和口碑传播。

用户提问：

请以举例的方式说明如何构建"爆款"文案的架构。

ChatGPT 回答：

1. 设计开头，吸引读者注意力

（1）要不要知道一个令人震惊的事实？

（2）你有没有遇到过这样的问题？

（3）有这样一个故事，它将带给你非凡的体验。

2. 发展中间段，引发兴趣与共鸣

（1）在现代社会，我们每个人都面临着越来越多的挑战。但是，你是否曾思考过如何应对这些挑战？

（2）想象一下，你现在有了解决困扰你已久的问题的方法。

（3）你知道吗？近 70% 的用户通过使用我们的产品得到了显著的改善。

3. 构建结尾，引导行动与决策

（1）现在就加入我们的行列，共同迎接新的挑战！

（2）只要在限时优惠结束前购买，你就能享受特殊折扣和特别福利。

（3）如果你对我们的产品感到满意，请把它分享给你身边的朋友和亲人，帮助他们解决类似的问题。

在使用 ChatGPT 创作文案时，你可以根据产品或服务的特点、目标受众的需求和市场趋势等因素，灵活调整文案的结构和表达方式。请注意，文案的语言要具有吸引力、易懂且符合品牌形象，要能吸引读者的注意并引导他们采取行动。通过与 ChatGPT 对话，你可以获得更多的观点和创意，从而提升文案质量。

（以上内容由 ChatGPT 生成，未改动）

ChatGPT 通过例子解释了如何设计开头、发展中间段和构建结尾，基本上是完全按照既定框架生成内容的。当然，在实际工作中，我们需要结合自身产品或服务的特点及优势调整内容，通过精准的提示词控制 ChatGPT 生成的结果，创作出自己的"爆款"文案。

三、利用 ChatGPT 优化表达效果

1. 选择合适的语言风格

（1）展现品牌特点及个性。

（2）考虑受众的文化背景。

（3）表现幽默、诙谐或温情。

2. 引发情感共鸣

（1）使用形象的比喻和隐喻。

（2）描述场景和情感细节。

（3）运用色彩及排版手法。

3. 编写简洁的文案

（1）避免使用冗长的句子。

（2）使用简单易懂的词汇。

（3）确保逻辑流畅连贯。

用户提问：

如何优化表达效果以打动读者？

ChatGPT 回答：

1. 选择合适的语言风格

（1）我们是不拘一格的创造者，致力于为你打造独一无二的体验。

（2）我们的产品融合了东西方文化的精髓，能让你感受到前所未有的多元魅力。

（3）我们相信，幽默与温情是生活的调味品，能让你在与我们的互动中找到乐趣和共鸣。

2. 引发情感共鸣

（1）我们为你提供的解决方案，就像一盏明亮的探照灯，指引着你在茫茫黑暗中找到出路。

（2）我们的产品就像一幅丰富多彩的画卷，能把你带入一个充满激情和惊喜的世界。

（3）当你第一次使用我们的产品时，你会感到仿佛置身于一片缤纷的色彩，感受到那种振奋人心的美妙感觉。

3. 编写简洁的文案

（1）我们将用简洁有力的语言告诉你我们的产品能够为你解决烦恼。

（2）不需要令人费解的专业术语，我们用通俗易懂的词汇为你分析复杂的问题。

（3）逻辑思维和连贯性是文案的基石，每一句话都紧扣主题，让你轻松理解我们想要表达的意思。

请注意，这只是一个示例，实际的文案要根据应用场景进行调整，还要结合品牌定位、受众特点和产品（服务）特点等因素进行优化。ChatGPT 可以帮助你获得更多的灵感，优化文案的表达效果。

（以上内容由 ChatGPT 生成，未改动）

四、利用 ChatGPT 测试和优化文案效果

1. 收集和分析文案效果数据

（1）选择合适的指标和跟踪方式。

（2）使用分析工具收集数据。

（3）分析数据，找到改进空间。

2. 运用 A/B 测试提升文案效果

（1）选择测试的变量和范围。

（2）确定实验方案和样本规模。

（3）分析结果和执行优化方案。

3. 针对不同渠道适配并优化文案

（1）针对不同平台优化文案。

（2）适应社交媒体和搜索引擎。

（3）考虑语言和文化差异。

用户提问：

如何测试和优化文案效果？

ChatGPT 回答：

1. 收集和分析文案效果数据

（1）选择合适的指标和跟踪方式。首先确定需要跟踪的指标，如点击率、转化率等，然后根据不同的需求选择合适的跟踪方式，如 UTM 参数、像素追踪等。

（2）使用分析工具收集数据。利用网站分析工具或社交媒体平台提供的数据分析功能收集相关数据，设置筛选条件和时间段，以获取准确的分析结果。

（3）分析数据，找到改进空间。根据收集到的数据，分析文案的表现，包括点击率、转化率等关键指标。比较不同文案的表现，寻找改进空间，例如，分析哪些文案在特定目标群体中表现较好，或者分析哪些文案在特定平台上效果最佳。

2. 运用 A/B 测试提升文案效果

（1）选择测试的变量和范围。根据前期数据分析的结果，选择需要测试的变量，如标题、副标题、主要段落等；确定测试范围，既可以是整篇文案，也可以是文案的一部分。

（2）确定实验方案和样本规模。将目标群体分为不同的测试组，每个组暴露于不同版本的文案；确保测试组的样本规模足够大，以获得统计上的显著结果。

（3）分析结果和执行优化方案。比较不同版本的文案在关键指标上的表现差异，根据 A/B 测试结果选择最佳文案，并将其应用于实际推广；同时，将学到的经验运用到其他文案的创作中，以持续提升文案效果。

3. 针对不同渠道适配并优化文案

（1）针对不同平台优化文案。不同平台对文案的要求有所不同，针对每个平台优化并调整文案，以适应其特点和用户行为习惯。例如，社交媒体上的文案一般要更短、更吸引眼球，而用于邮件营销的文案一般需要包含更加详细的说明。

（2）适应社交媒体和搜索引擎。了解社交媒体和搜索引擎的运作原理，针对其特点优化文案，包括关键词、标题等。

（3）考虑语言和文化差异。如果目标受众分布在多个国家或地区，就要考虑言和文化差异，适应不同地区的语言表达方式和文化背景，确保文案能够准确地传达信息并符合当地受众的习惯和喜好。

　　总之，通过收集和分析文案效果数据，进行 A/B 测试，并针对不同渠道适配并优化文案，可以提升文案的效果，增强其影响力，从而更好地吸引和留住目标受众。

　　（以上内容由 ChatGPT 生成，未改动）

五、利用 ChatGPT 应对文案创作中的常见挑战

1. 解决文案中的逻辑和表达问题

（1）确保文案逻辑清晰。

（2）准确描述复杂的产品或服务。

（3）避免信息过载或遗漏。

2. 避免常见的错误和陷阱

（1）消除语法和拼写错误。

（2）避免使用负面词语。

（3）注意版权和合规问题。

3. 解决创作中的困惑和瓶颈

（1）调整心态，克服创作焦虑。

（2）寻找灵感，突破创作瓶颈。

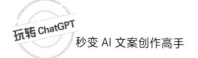
（3）培养良好的写作习惯。

用户提问：

严格依据以上框架，说明如何利用 ChatGPT 应对文案创作中的常见挑战，请举例说明。

ChatGPT 回答：

在文案创作中，ChatGPT 可以帮助用户应对以下常见挑战。

1. 解决文案中的逻辑和表达问题

（1）确保文案逻辑清晰。ChatGPT 可以通过学习大量的文本和专业领域知识，帮助用户创作出逻辑严谨、层次清晰的文案。

例如，对于一篇产品介绍文案，ChatGPT 可以提醒用户合理地组织和展示产品的特点、功能和优势，确保读者能够理解相关内容。

（2）准确描述复杂的产品或服务。通过与用户的互动，ChatGPT 可以了解用户想要传达的核心信息，并帮助用户准确地描述复杂的产品或服务。

例如，当创作科技产品介绍文案时，ChatGPT 可以提供相关行业术语，帮助用户准确传达产品的技术特点和应用场景。

（3）避免信息过载或遗漏。ChatGPT 可以帮助用户筛选和整理重要信息，确保文案信息量适中且重点突出。此外，ChatGPT 还可以帮助用户检查文案，补充不小心遗漏的关键信息。

2. 避免常见的错误和陷阱

（1）消除语法和拼写错误。ChatGPT 在生成文本时会遵循语法规则，排除常见的语法错误和拼写错误；此外，ChatGPT 还可以通过提供实时的文本纠错建议，帮助用户改正潜在的错误。

（2）避免使用负面词语。ChatGPT 可以通过学习大量的正面词汇，生成更具有吸引力的文案。例如，在撰写广告宣传文案时，ChatGPT 可以提供正面积极的词汇，使文案更具有说服力。

（3）注意版权和合规问题。ChatGPT 可以通过提醒用户遵守版权相关法律法规，防止用户在文案中复制他人创作的内容或无意做出侵权行为；同时，ChatGPT 还可以提供相关法律和政策的具体内容，帮助用户更好地理解和遵守相关要求。

3. 解决创作中的困惑和瓶颈

（1）调整心态，克服创作焦虑。ChatGPT 可以通过对话为用户提供情感支持，帮助用户调整心态、克服创作焦虑，更好地投入文案创作。

（2）寻找灵感，突破创作瓶颈。ChatGPT 可以与用户进行头脑风暴，提供新颖的观点和想法，帮助用户找到灵感，突破创作瓶颈。例如，在撰写博客文章时，ChatGPT 可以提供相关的主题和观点，启发用户产生独特的创意。

（3）培养良好的写作习惯。ChatGPT 可以通过与用户互动，实时提供写作建议，帮助用户改善写作技巧，培养良好的写作习惯。例如，ChatGPT 可以建议用户采用简洁明了的语句，注意段落结构和逻辑衔接，加入生动的描写和具体的案例，从而提高文案的质量和吸引力。

总体而言，ChatGPT 具备应对文案创作中常见挑战的能力，可以与用户互动并提供实时的指导与建议，帮助用户解决逻辑和表达问题，避免常见的错误和陷阱，解决创作中的困惑和瓶颈。

（以上内容由 ChatGPT 生成，未改动）

第 2 章

营销文案：将营销变为『赢销』

2.1　营销文案的"三大必杀技"

2.1.1　价值切中需求

价值切中需求意味着产品或服务能够满足客户的实际需求，提高客户满意度，推动销售，降低市场风险，增强竞争力，促进可持续增长，为未来的业务发展创造机会。

用户提问：

> 公司最近推出了一款智能手表，它可以进行全面的健康监测，续航时间长，外观时尚个性，还能与其他智能设备集成。请问这些特点可以给用户带来什么样的价值？

ChatGPT 回答：

> 对于用户可能从这款智能手表获得的价值，我们可以深入探讨以下几个方面。
>
> 健康监测：智能手表提供的全面健康监测功能，可以让用户实时了解自己的身体状况。例如，如果手表检测到用户心率异常，就会提醒他们及时就医，以避免可能的健康风险。此外，通过手表记录的健康数据，用户可以更好地了解自己的生活习惯对健康的影响，从而做出相应的调整。

个性时尚：手表的外观设计对个人形象有重要影响。一款时尚、有个性的手表可以帮助用户在社交场合中脱颖而出，提升自信和个人魅力。此外，时尚的手表也有助于展示用户的品味和个性，为用户提供一种表达自我的方式。

长续航：如果智能手表的电池续航时间长，用户就不需要频繁地为手表充电，这将极大地方便他们的日常生活。例如，如果用户在出差或旅游时忘记充电，他们仍然可以依靠手表获取信息、支付账单、查看天气预报等，无需担心电量不足的问题。

与其他智能设备集成：智能手表能够与智能手机、智能家居设备等其他智能设备集成，为用户提供更便捷的控制和操作体验。例如，用户可以通过智能手表远程控制家里的智能家电，如空调、灯、电视等。这将给用户的生活带来极大的便利，帮助用户节省时间。

总的来说，这款智能手表通过其特点，可以为用户提供多个方面的实用价值，包括但不限于健康监测、个性表达、生活便利、与其他智能设备的集成等。这些价值点将极大地丰富用户的生活，并提高他们的生活质量。

（以上内容由 ChatGPT 生成，未改动）

ChatGPT 的回答清晰地描述了智能手表的各种特点及其对用户的潜在价值，证明了智能手表可以极大地丰富用户的生活，提高他们的生活质量。

【怎么挖掘】

要想挖掘产品的独特卖点，必须深入了解自己的产品、市场和消费者，ChatGPT 可以从以下方面帮助我们挖掘产品的独特卖点。

（1）**产品对比**。ChatGPT 可以收集和分析各类相关信息。假设我们销售的是一款智能手机，我们可以利用 ChatGPT 列出该手机的主要功能和优势，如快速充电、高清相机、大容量存储、信号强等，再对比同价位的其他手机，说明自己的产品具备明显优势。

（2）**特性发掘**。ChatGPT 可以从多个方面发掘产品的特性，以充分满足消费者的需求，为他们创造独特的价值。

（3）**竞品和 SWOT 分析**。ChatGPT 可以收集和分析竞品的信息，通过竞品分析找出产品在各个方面的优劣势及其面临的机会和威胁，从而找到产品的独特卖点。

（4）**品牌定位和差异化**。ChatGPT 可以帮助我们了解消费者的需求和偏好，并以此为基础，将我们的产品与竞争对手的产品区分开来。例如，假设我们的品牌是一个高端时尚品牌，ChatGPT 可以帮助我们了解消费者对产品质量、设计和服务的追求，进而帮助我们打造独特的品牌形象和品牌价值。

用户提问：

某品牌新推出了一款可定制的珠宝饰品，请问可以从它

的哪些特性入手进行营销？

ChatGPT 回答：

对于这款可定制的珠宝饰品，可以从以下特性入手进行营销。

个性化定制：强调这款珠宝饰品可以满足消费者的个性化需求，每一位消费者都可以拥有独一无二的设计。在开展营销时，可以突出消费者亲自参与设计的过程，展示消费者定制的珠宝饰品，强调其独特性。

高品质材料：强调这款珠宝饰品使用的是优质材料，如金、银、钻石等，这使得每一件珠宝都能够长久保存并保持其原始状态。在开展营销时，可以突出材料的品质和持久性，展示其高端、优雅的特点。

强化社会联系：强调消费者可以通过定制的珠宝饰品来展示其身份、信念和情感。在开展营销时，可以通过故事让消费者与珠宝饰品产生联系，让消费者产生共鸣。

专业化品牌：强调这款珠宝饰品来自一个专业的品牌，该品牌在珠宝行业有良好的口碑，消费者可以放心地购买该品牌的饰品。在开展营销时，可以利用品牌的影响力和口碑，提升消费者对产品的信任度及购买意愿。

高级感：强调这款珠宝饰品具有高级感，无论材料的选择还是设计的精细度，都让人们感受到它的高贵。在开展营销时，可以通过展示珠宝饰品的高品质，吸引消费者的关注。

全球化服务：强调该品牌珠宝饰品不仅可以在线上进行定制，还可以在线下门店进行定制。在营销过程中，可以通过提供全球化服务的方式来吸引不同地区的消费者，提升消费者的购买体验。

针对不同的特性，可以采取不同的营销策略和手段。例如，可以利用社交媒体平台来展示消费者定制的珠宝饰品，可以利用短视频来讲述消费者与珠宝饰品的故事，可以利用线上活动来提供优惠促销，等等。

（以上内容由 ChatGPT 生成，有删节）

2.1.2　说服激发欲望

说服话术在营销中具有非常重要的作用，好的话术可以帮助销售人员更好地实现销售目标，提升销售效果、客户满意度和品牌形象，促进口碑营销。

用户提问：

假如我是某品牌智能手表的门店导购，请根据智能手表的营销定位生成能够激发消费者购买意愿的说服话术。

ChatGPT 回答：

当您与顾客面对面交流时，以下是一些针对不同营销定位的说服话术，可以帮助您激发顾客的购买意愿。

健康专家

"您知道吗？这款智能手表不仅是时尚的配饰，还是您的私人健康专家。它可以实时监测您的心率，在您入睡时跟踪您的睡眠状态，帮助您改善睡眠质量。无论您希望更好地管理健康，还是时刻监测自己的身体状况，这款手表都是您的最佳选择。"

持久耐用

"想象一下，不用再为充电而烦恼，这是多么方便！我们的智能手表具有令人印象深刻的续航能力，只需一次充电，就可以连续使用数天，完全不必担心电量问题。这是一款真正可靠、持久耐用的设备，无论您身在何处，都能陪伴您度过每一天。"

个性时尚配饰

"看看这个款式和颜色！我们的智能手表不仅功能强大，还极具时尚感。您可以根据不同场合，轻松更换不同的表带和表盘，彰显您的魅力。无论正式场合还是日常生活，它都是您的完美之选，都能为您的整体形象增色不少！"

智能生活控制中心

"这款智能手表不仅是一块手表，还是智能生活控制中心。它能够与您的手机无缝连接，接收通知，控制智能家居设备，甚至同步您的运动数据。它将使您的日常生活更加便捷，助您轻松掌握一切。这是您踏上智能生活之路的第一步！"

这些话术可以根据具体情况进行调整和扩展，以确保您能够与顾客建立更紧密的联系，并激发他们的购买意愿。

（以上内容由 ChatGPT 生成，未改动）

ChatGPT 不仅提供了针对不同营销定位的说服话术，还使用了充满情感的语言，描述了具体的情景。这些话术可以帮助销售人员在与顾客面对面交流时激发顾客的购买意愿。

【怎么打动】

说服是一门艺术，它会影响消费者的思想和行为。ChatGPT 生成的具有说服力的话术可以帮助销售人员打动消费者并激发他们的购买意愿。

（1）**强调问题和解决方案**。我们可以利用 ChatGPT 明确客户的问题或需求，让 ChatGPT 生成的回答强调我们的产品或服务如何解决这些问题，例如，"您是否曾经感到'压力山大'，需要更好地管理您的时间？我们的时间管理工具可以帮助您轻松提高工作效率"或"您是否觉得自己的财务状况混乱不堪？我们的财务管理软件可以帮助您跟踪和组织您的财务数据，让您的生活更加轻松"。

（2）**使用情感丰富的语言**。ChatGPT 可以生成情感丰富的语言，帮助我们与消费者建立情感连接，例如，"您将享受到无与伦比的舒适和豪华"或"您是否希望获得如沐春风的服务体验？我们的客户服务团队将用热情和专业的态度，为您提供贴心、温馨的服务"。

（3）**示范用例**。ChatGPT 可以通过例子展示产品或服务的实际应用场景，将产品与消费者的需求联系起来，例如，"想象一下，每天早上醒来时，都有一桌早餐等着您"或"您是否希望在家里就能享受到专业的按摩服务？我们的按摩椅可以为您带来舒适的体验，让您的身心得到放松"。

（4）**提供数据**。我们可以利用 ChatGPT 整理客户的积极评价或相关数据以支持自己的观点，例如，"我们的产品已经帮助超过1000 名客户提高了他们的效率，他们都对此赞不绝口"或"我们的护肤品已经在全球范围内销售超过了 100 万瓶，并收到了众多消费者的积极反馈和评价"。

（5）**创造紧迫感**。我们可以利用 ChatGPT 生成与促销或特殊优惠相关的文字以引导消费者购买产品，例如，"只剩下 24 小时，现在购买，可以享受额外的 10% 折扣"或"现在购买即享 7.5 折优惠，数量有限，先到先得哦"。

2.1.3　共鸣引导关注

优秀的营销文案可以让消费者在情感上与产品产生共鸣，引导他们关注产品，增强他们的购买意愿，进而促进产品的销售。

用户提问：

> 智能手表的营销文案可以通过哪些点引发消费者的共鸣？

ChatGPT 回答：

> 智能手表作为一款科技产品，可以引发消费者共鸣的点有很多。以下是一些可能的共鸣点。
>
> 健康管理：智能手表可以监测心率、血压、睡眠质量等，帮助消费者更好地管理自己的健康。对于那些注重健康的人来说，这是一个非常吸引人的功能。
>
> 便利性：智能手表可以提醒消费者关注自己的运动量，及时调整运动计划，达到更好的健康管理效果。此外，它还可以用于接收信息、拨打电话、查看天气预报等，为消费者的日常生活带来便利。
>
> 安全性：智能手表有 GPS 定位和紧急呼救功能，可以为消费者提供安全保障。特别是对独居人士来说，紧急呼救功能非常重要。在遇到紧急情况时，他们可以通过智能手表快速报警或联系亲友。
>
> 时尚性：智能手表设计多样化，可以搭配不同的表带和

表盘，满足消费者的个人喜好。同时，它也可以作为一种时尚配饰来展现消费者的个性和品味。

科技感：智能手表是智能家居生活的一部分，可以与智能家居设备进行连接。消费者可以通过智能手表控制家居设备，如灯光、空调等，享受智能化的生活。

社交互动：智能手表还支持社交互动功能，如通过手表上的摄像头进行视频通话，或者与朋友进行在线聊天。这可以让消费者随时与亲友保持紧密联系。

突出这些共鸣点可以吸引更多的消费者关注智能手表，并激发他们的购买意愿。

（以上内容由 ChatGPT 生成，未改动）

ChatGPT 生成的回答不仅提供了多个智能手表可以引发消费者共鸣的点，还对不同的消费者群体进行了细分，这可以帮助营销人员了解不同消费者的需求和偏好，激发其购买意愿。

【怎么吸引】

营销文案是企业与消费者之间的桥梁，它不仅向消费者传递产品或服务的信息，还能激发消费者的购买热情。以下技巧可以帮助大家写出一篇能够吸引消费者的营销文案。

（1）了解消费者需求。

① 开放式问题。这类问题能让消费者提供更详细的信息，帮助我们更好地了解他们的观点、经验和需求，例如，"你认为在选

择餐厅时，哪些因素最重要"或"你希望智能家居设备具备哪些功能"。

②**假设情境问题**。通过假设的情境，我们可以帮助消费者设想可能的解决方案，以更深入地理解他们的需求和期望，例如，"如果你有一款全新的智能手机，你会希望它有什么样的特性"或"如果你需要远程控制家里的智能家电，你需要哪些功能"。

③**探索性问题**。这类问题可以用来探索消费者可能不知道自己需要的东西或解决方案，例如，"你在购物或使用服务时是否遇到过让你感到不便的事情"或"你认为现在的智能家居设备在哪些方面可以有所改进"。

（2）**创造有趣的内容**。利用 ChatGPT 的创造力，我们可以创造各种有趣的故事、挑战、游戏、互动和娱乐活动，吸引消费者的参与。此外，我们可以结合时下的热门话题和趋势，为消费者提供相关的内容和讨论机会。

（3）**提供实用价值**。消费者往往更关注能给他们带来实际利益的内容。因此，通过 ChatGPT 提炼出产品对消费者的实用价值及强调优惠活动也是吸引消费者的有效手段，如提供日常生活小贴士、技巧和窍门，或者为消费者提供限时优惠和特别折扣等。

用户提问：

请你针对独居人士的安全问题写一个故事，引发消费者的共鸣，吸引消费者购买智能手表。

ChatGPT 回答：

在一个宁静的晚上，李先生独自一人在家。他是一位退休的老人，虽然生活能够自理，但随着年龄的增长，他越来越感到孤独和无助。有一天，他不小心在浴室滑倒了，痛苦地躺在地上。手机不在身边，他无法拨打电话求救。他感到无比绝望，心中充满了恐惧。

就在这个时候，他突然想到了手腕上的智能手表。这款手表除了可以看时间，还有多种功能，包括紧急呼救。他迅速按下了手表上的紧急呼救按钮，手表开始自动定位并将求救信息发送给他的亲属和附近的医院。

几分钟后，他的女儿和女婿就赶到了他家，因为他们收到了紧急呼救信息。他们看到李先生痛苦地躺在地上，立即拨打了急救电话。救护车很快赶到了现场，将李先生送往了医院。

在这次意外中，智能手表的紧急呼救功能发挥了关键作用。如果没有这个功能，李先生可能需要更长时间才能得到帮助。这款智能手表为独居人士提供了一种新的、可靠的安全保障方式。

李先生的经历引起了周围人的关注。他们开始意识到，对独居人士来说，拥有一块智能手表是多么重要。这款手表不仅是时尚的配饰，还是守护生命安全的"神器"。

现在，越来越多的人开始关注智能手表。他们发现，智能手表除了紧急呼救功能，还有很多实用的功能，如记录运动量、监测睡眠质量、接收信息、拨打电话等。这些功能让独居人士的生活更加便利。

越来越多的人开始购买智能手表，把它当作守护自己生命安全的重要工具。他们感谢科技的发展让他们在需要的时候能及时得到救助。

如果您是独居人士，是否也会考虑购买一块智能手表，让它成为您生活中的得力助手，守护您的健康和安全呢？

（以上内容由 ChatGPT 生成，未改动）

2.2 吸睛戳心：利用 ChatGPT 给你的营销文案增色

2.2.1 利用 ChatGPT 创作平面媒体营销文案

平面媒体的营销文案要简洁明了，突出产品优势，吸引读者注意，引发其共鸣，在有限的篇幅内，通过精准的表达和个性化的定位，获得更好的宣传推广效果。

用户提问：

我是 ×× 镇酱酒的销售人员，公司最近需要在某商业广场的裙房外侧做一个大型的室外广告牌，通过广告牌宣传一款产品，请帮我写一段广告牌上的宣传文案。

ChatGPT 回答：

以下是 ×× 镇酱酒的宣传文案示例。

尊享烈性，溢彰风味。

品味千年匠心，润泽醇香。

×× 镇酱酒，中国经典之选，为您带来纯正独特的体验。每一滴都蕴含着千年的智慧和工艺，每一口都能唤起独属于中国的美酒风情。

我们以上乘的优质原料和严谨的酿造工艺，打造出绝佳的口感和令人陶醉的香气。作为经典的国酒代表，×× 镇酱酒以其独特的浓郁香韵和深邃的口感征服了无数美酒爱好者。

在这个快节奏的时代，我们向您献上独一无二的品味体验。×× 镇酱酒，不仅抚慰您的味蕾，还引领您走进独有的酒文化。

×× 镇酱酒，以其独特的身份和傲人的品质，与您共叙美酒佳话。

来自 ×× 镇的芳香，现已飘入您的生活。无论朋友聚会、商务交际还是家庭团圆，×× 镇酱酒都将成为独特而珍贵的见证。

让 ×× 镇酱酒陪伴您，尽享那份久远的醇香，体验千年工艺的奇迹。

（以上内容由 ChatGPT 生成，未改动）

ChatGPT 生成的文案通过"尊享烈性""溢彰风味""品味千年匠心""润泽醇香"等词汇吸引读者的眼球，强调了家庭、朋友聚会和商务交际等场景，旨在吸引消费者，可以产生较好的宣传效果。

【怎么推广】

（1）**提供基本信息**。我们可以向 ChatGPT 提供关于产品、服务或活动的基本信息，如特点、优势、使用方式等，询问 ChatGPT 如何将这些信息转化为吸引人的文案。

用户提问：

我公司推出了一款功能强大的新型便携式蓝牙音箱，外形小巧，内置高性能扬声器，使用了先进的音频处理技术。公司希望通过平面媒体营销吸引更多消费者购买，请帮我写一篇简洁明了、亮点突出、能引发共鸣的营销文案。

ChatGPT 回答：

好的，以下是一篇简洁明了、亮点突出、能引发共鸣的营销文案。

标题：音痴必备利器！全新便携式蓝牙音箱，震撼你的耳膜！

正文：

众所周知，音乐可以打开心扉，带你进入一个充满情感的世界。但是，如何找到一款性能强大、体积小巧、使用先进音频处理技术的音箱呢？我们有答案——全新便携式蓝牙音箱。

极致体验：小巧的外形下面是高性能扬声器和先进的音频处理技术，给你带来纯净、清晰、震撼的音质。不管你是摇滚乐迷、爵士音乐的爱好者，还是流行歌曲的粉丝，都会爱上这款音箱。

无限自由：蓝牙 5.0 无线连接技术，让你摆脱线缆的束缚，随时随地享受自己喜欢的歌曲。在家里、办公室、户外或旅途中，全新便携式蓝牙音箱为你提供无限自由。

轻盈便携：重量轻，体积小，方便携带。无论户外野餐、旅行探险还是室内聚会，全新便携式蓝牙音箱都能伴你出行，让你随时随地享受音乐。

长时间使用：内部包含大容量电池，长达 ×× 小时的播放时间，让你可以尽情享受音乐，无需担心电量问题。

　　开启你的音乐之旅：现在购买全新便携式蓝牙音箱，即可享受限时特惠。快来加入这场音乐之旅吧，我们等你！

　　注意：以上仅为示例文案，实际营销文案需要根据目标受众、市场情况和品牌定位进行个性化创作。

　　（以上内容由 ChatGPT 生成，未改动）

　　（2）**明确创意方式和文案风格**。我们可以与 ChatGPT 讨论自己希望采用的创意方式和文案风格。我们可以询问 ChatGPT 如何使用幽默或情感丰富的故事来吸引受众，例如，“如何在文案中运用幽默元素来吸引读者”或“有没有独特的故事或背景可以应用到文案中，以增加文案的吸引力”。ChatGPT 可以提供一些有趣的点子，并给出适用于不同受众的建议。

　　（3）**探索亮点和独特卖点**。我们可以告诉 ChatGPT 产品或服务的亮点和独特卖点，问它如何在文案中突出这些特点以吸引目标受众，例如，“有什么词汇或表达方式可以强调产品的优势和特点”或“如何在文案中展示产品以帮助目标受众解决问题”。ChatGPT 可以帮助我们找到合适的词汇和表达方式，以便目标受众了解产品或服务的独特之处。

　　（4）**找到合适的词汇和表达方式**。我们可以与 ChatGPT 一起思考能够引起目标受众共鸣的词汇和表达方式。我们可以给 ChatGPT 提供一些相关的关键词，并询问它如何将这些词汇与产品或服务联系起来，增强文案的感染力。

用户提问：

请为上述营销文案设计一些可以引导目标受众行动的呼吁词或激励语句。

ChatGPT 回答：

当然！下面提供一些可以引导目标受众行动的呼吁词或激励语句供你参考。

赶快购买，开启你的音乐之旅！

点击立即购买，享受纯净音质带来的震撼体验！

不再错过任何一首好歌，立即抢购！

音乐随身带，购买全新便携式蓝牙音箱！

让音乐成为你生活中最美妙的伴侣，立即行动！

拥抱无线自由，点击购买全新便携式蓝牙音箱！

忘却烦恼，用音乐治愈心灵，购买蓝牙音箱，享受它带来的魔力！

放飞音乐梦想，从这款便携式蓝牙音箱开始！

别再忍受低劣音质，尽情沉浸于高品质音乐，购买全新音箱吧！

点燃音乐激情，赶紧购买全新便携式蓝牙音箱！

根据目标受众和品牌风格，选择一个或几个呼吁词，可以更有效地鼓励目标受众采取行动。记得确保呼吁词简明扼要，激发目标受众的兴趣，促使他们立即行动。

（以上内容由 ChatGPT 生成，未改动）

2.2.2 利用 ChatGPT 创作直播营销文案

直播营销是当今商业推广的重要手段之一，而直播营销文案是其中的关键。直播营销文案短小精悍、切中要点，通过文字传递产品的魅力。

用户提问：

我公司最近推出了一款不添加防腐剂、白砂糖、色素的天然果汁，想要在新年来临之际通过直播平台推广销售这款产品，请帮我生成一份精彩的直播营销文案。

ChatGPT 回答：

亲爱的观众朋友们，新年将至，健康的生活方式正在成为时下的流行趋势！在这个特别的时刻，我非常兴奋地向大家推荐一款独特的天然果汁——不添加防腐剂、白砂糖和色素，带给您纯净、口感绝佳的味蕾享受！

这款天然果汁融合了大自然的精华，选用优质水果，保留了其天然的营养成分和鲜美口感。无论您是健康生活的倡

导者，还是对天然食品充满好奇的探索者，这款果汁都将成为您的良伴。

喝了这款果汁，您可以感受到大自然的芬芳气息，品味到水果的天然醇香。我们精心打造的直播环节将为您介绍这款天然果汁的独特之处，为您带来一场视觉和味觉的盛宴。

今天的直播不容错过！您将享受到独家优惠，大额优惠券等您来领取！此外，还有丰富的互动环节，您可通过留言、点赞等方式参与互动抽奖，赢取免费试饮套装及惊喜大礼！

让我们一同迎接新年的到来，迎接健康幸福的未来。加入我们的直播间，体验纯净、天然的美味果汁，让新年更有品质、更有滋味！

不添加防腐剂、白砂糖、色素的天然果汁，将成为您开启新生活的完美伴侣！请锁定我们的直播间，体验口感极佳、健康美味的天然果汁，让我们一同迎接新年的美好时刻！

记得设置提醒，千万不要错过直播时间！期待您的踊跃参与，共同品尝天然美味，开启健康新年！

（以上内容由 ChatGPT 生成，未改动）

ChatGPT 生成的这篇文案很好地突出了不添加防腐剂、白砂糖、色素的天然果汁的特点和优势，通过短小精悍的文字生动地描述了天然果汁的美味和纯净，强调了健康生活方式的日益流行，可以有效地吸引目标受众。

【怎么吸引】

（1）**挖掘产品特点**。我们可以与 ChatGPT 讨论产品的特点、优势和独特之处，根据 ChatGPT 的回答深入挖掘产品的特点，例如，"我们的产品有哪些独特之处和卖点"或"它具备哪些营养价值"。

（2）**确定主题和情感共鸣点**。我们可以与 ChatGPT 讨论确定直播文案的主题和情感共鸣点，例如，"新年将至，我们如何将产品与新年氛围联系起来"或"可以通过哪些情感共鸣点吸引观众，使他们更快地做出购买决策"。

（3）**编写吸引人的标题**。我们可以与 ChatGPT 协作，编写引人注意的标题。我们可以提供一些关键词和限制条件，让 ChatGPT 在生成标题时遵循这些要求，例如，"我们的直播活动需要一个引人注意的标题，你有什么创意和建议"或"标题包含哪些关键词可以更有效地吸引观众"。

（4）**强调互动和奖励**。我们可以向 ChatGPT 提供关于直播互动环节和购买优惠的信息，让 ChatGPT 设计能够吸引观众参与和购买的互动方式，例如，"什么互动环节可以提高观众参与度"或"我们可以提供哪些优惠或奖励促使观众购买产品"。

用户提问:

如何设计互动抽奖活动,才能吸引更多的观众关注这场天然果汁直播活动?

ChatGPT 回答:

1. 评论抽奖:要求观众在直播评论区留言分享自己对天然果汁的喜爱或相关的健康生活经验,并添加指定的话题标签,从中随机选出几位幸运观众,幸运观众将免费获得天然果汁样品或优惠券。

2. 问答抽奖:主持人在直播过程中提出与天然果汁相关的问题,要求观众通过评论或私信给出正确答案,从回答正确的观众中选出获奖者,奖品是天然果汁产品礼盒或折扣码等。

3. 互动拍摄抽奖:要求观众在直播过程中拍摄自己喝天然果汁的照片或视频,并在社交媒体上分享并@品牌账号,从中选出几位幸运观众,幸运观众将获得天然果汁礼品套装或限量版周边产品。

4. 分享故事抽奖:鼓励已购买天然果汁的顾客分享购买体验和使用感受,形式可以是文字、图片或视频,从中选出最有创意或最感人的故事,并为创作者送出特别定制的天然果汁产品套装作为奖品。

5. **众筹目标达成抽奖**：设置一个众筹目标，如销售量或金额，在直播过程中鼓励观众购买天然果汁并参与众筹。一旦达成目标，随机选出几位幸运观众，幸运观众将获得奖励，如限量版签名礼品或与明星合照的机会等。

6. **邀请朋友关注抽奖**：要求观众在直播结束后邀请更多的朋友关注品牌账号并购买天然果汁产品，根据邀请人数或购买转化率选出幸运观众，幸运观众可以获得奖品，如免费享受一年的天然果汁或获得私人订制礼品。

设计互动抽奖活动时，要确保规则清晰明了、公平公正，符合直播平台的规则。此外，提前进行充分的宣传、公示活动细则可以吸引更多的观众参与，在直播过程中及时宣布获奖结果可以激发更多观众进行互动。

（以上内容由 ChatGPT 生成，未改动）

2.2.3　利用 ChatGPT 增强营销文案的"销售力"

我们可以与 ChatGPT 对话，向其提供关于目标受众、产品或服务等的信息，然后根据 ChatGPT 的回答和建议调整文案，增强文案的"销售力"，提升触达率和点击率。

1. 提升触达率

用户提问：

我需要推广一款纯天然无添加的葡萄汁，除了社交媒体，还有哪些渠道可以投放营销文案？在哪些渠道投放触达效果会更好？

ChatGPT 回答：

推广纯天然无添加的葡萄汁的营销文案，除了可以投放到社交媒体，还可以投放到以下几个渠道。

健康生活类杂志和电子杂志：寻找流行的健康生活类杂志和电子杂志，在其网站或纸质版上投放广告或发布文章。这些杂志的读者也是您的目标受众，您的文案会触达对您的产品有兴趣的潜在客户。

健身房和瑜伽馆：将产品信息展示在健身房或瑜伽馆等健身场所的广告牌或传单上。这些场所的目标客户通常注重健康饮食，他们可能对您的产品感兴趣。

健康食品店：与当地的健康食品店合作，向其顾客宣传您的产品。这些食品店的顾客多是关注健康并关注食品原材料的人，恰好也是对您的产品感兴趣的潜在客户。

线上购物平台：将产品信息投放到线上购物平台，如天

猫、京东等。这些平台有大量的用户，您的产品将更容易触
达潜在客户。

　　针对具体情况，不同的渠道的投放效果会有所不同。建
议从目标受众出发，找出他们经常活动的场所或网站，调整
文案以匹配不同渠道的特性，进行 A/B 测试并不断优化文
案，从而增强营销效果。

　　（以上内容由 ChatGPT 生成，未改动）

　　ChatGPT 的回答强调了根据目标受众的兴趣和消费习惯选择
合适的渠道，建议调整文案以匹配不同渠道的特点，还提到了 A/B
测试和不断优化的重要性。

【怎么提升】

　　（1）**使用引人入胜的标题**。我们可以让 ChatGPT 拟一些吸引
人的标题，从而提高文案的触达率，例如，"我正在写一篇关于健
康饮食的文章，你能拟一些吸引人的标题吗"或"我正在为一款
新的护肤产品写文案，你能帮我想一些让人心动的标题吗"。

　　（2）**增强视觉吸引力**。我们可以让 ChatGPT 提出关于视觉设
计的创意和建议，如图片或颜色的选择，增强文案的视觉吸引力
以提升触达率，例如，"我正在设计一份海报，用于宣传我们即将
推出的新产品。你能提供一些建议，包括图片和颜色的选择，使
海报更具吸引力并增加触达率吗"或"我需要设计一个网页横幅
广告，用于推广我们的特别优惠活动。你能提供一些创意和建议，

让横幅广告在视觉上更引人注目并吸引用户点击吗"。

（3）**个性化营销**。我们可以借助 ChatGPT 的自然语言处理和个性化推荐能力，根据用户的特征和偏好，生成个性化的营销文案以提高触达率，例如，"我负责推广一款时尚配饰新品，想要在社交媒体上发布一则个性化的广告。请基于用户的特征和偏好，为我生成一段吸引人的广告文案"或"我正在为一家健身房设计广告牌，目的是向顾客推广新的团体健身课程。请根据用户特征和偏好，生成一段广告文案"。

用户提问：

　　我需要为公司新推出的登山鞋写一篇营销文案，我应该从哪些方面着手，突出哪些关键点，才能提升文案的触达率？

ChatGPT 回答：

　　当你推广公司新推出的登山鞋时，可以从以下几个方面着手，突出关键点，以提高文案的触达率。

　　1. **强调产品特点**：突出登山鞋的特点和优势，如舒适性、耐用性、防滑性等；说明产品采用了哪些先进技术和材料，该产品如何满足登山和户外活动者的需求。

　　2. **个性化定位**：考虑目标受众的特征和需求，将用户定位在特定的人群身上，如登山爱好者、户外探险者、旅行者等；强调产品如何帮助他们克服困难、享受冒险活动及提供更好的保护。

3. 故事化营销：通过讲述真实而有趣的故事，激发读者的兴趣；可以分享顾客或品牌大使的经历，描述他们在登山时如何依靠这款登山鞋克服挑战，获得成就感和自信心。

4. 社交媒体互动：利用社交媒体展示产品照片和视频，吸引用户参与和分享；鼓励顾客使用特定标签或参与话题讨论，增加产品曝光度，并与潜在客户建立关系。

5. 优惠和促销活动：提供一些特别的优惠，如限时折扣、赠品或组合优惠，吸引消费者购买。强调这些信息，通过限量或稀缺性营造紧迫感。

6. 用户评价和证明：引用顾客的积极评价及产品获得的认证，增加文案的可信度；分享用户的真实体验和建议，帮助潜在用户做出决策。

7. SEO 优化：在文案中使用相关的关键词，提高文案在搜索引擎中的排名；使用目标受众在搜索时可能会使用的关键词，如"高性能登山鞋""舒适防滑登山鞋"等。

记住，文案要简洁明了、吸引读者，尽量让读者产生共鸣。同时，考虑使用图片、视频和其他多媒体元素来增强文案的视觉吸引力。

（以上内容由 ChatGPT 生成，未改动）

2. 提高点击率

用户提问：

> 尊享烈性，溢彰风味。
>
> 品味千年匠心，润泽醇香。
>
> ××镇酱酒，中国经典之选，为您带来纯正独特的体验。每一滴都蕴含着千年的智慧和工艺，每一口都能唤起独属于中国的美酒风情。
>
> 以上是我为公司的新产品写的营销文案，请帮我改编一下，使卖点更突出，使文案更吸引人，提高文案的点击率。

ChatGPT 回答：

> 纯正匠心，品味千年。
>
> 领略经典之选，尊享烈性风味。
>
> ××镇酱酒，将千年的酿造智慧与工艺传承于每一滴。凝聚着匠心独特的润泽醇香，为您带来无与伦比的体验。每一次饮尽，都仿佛唤起中国独有的美酒风情，让您沉醉其中。
>
> （以上内容由 ChatGPT 生成，未改动）

可以看出，ChatGPT 改编后的营销文案突出了以下几点。

- "纯正匠心"：强调产品的纯正性和匠心工艺，增强消费者对产品的信任。
- "品味千年"：吸引读者对千年文化的好奇心，体现产品历史悠久和源远流长的特点。
- "尊享烈性风味"：突出产品酒精度和独特口感，吸引喜欢烈性酒和独特风味的消费者。
- "领略经典之选"：向读者传递产品是经典之选的信息，强调其独特性和价值。
- "润泽醇香"：突出产品润泽和醇香的口感，让读者对产品的味道产生兴趣。

经过 ChatGPT 的改编，文案更具吸引力，卖点更加突出，有助于提高文案点击率和增强消费者的购买意愿。

【怎么提高】

（1）**利用 ChatGPT 生成创意**。我们可以向 ChatGPT 提供关于产品、目标受众和营销目标的信息，让它生成不同的创意。

（2）**增强独特卖点**。我们可以与 ChatGPT 讨论产品或服务的独特卖点，以及如何在文案中突出这些卖点，例如，"我需要为一款环保家电撰写营销文案，请帮我列出其独特卖点，如节能省电、有助于可持续发展等"或"我正在为一款智能手表撰写产品文案。这款手表具有健康监测、智能提醒和可定制化表盘等功能。请帮我盘点这些独特卖点，并提供一些在文案中突出这些功能的创意"。

（3）**考虑用户关注点**。我们可以让 ChatGPT 分析潜在客户可能的关注点和疑虑，让它提供关于如何回应相关问题的建议，例如，"我正在推广一款智能家居系统，想要了解潜在客户可能的关注点和疑虑。你能帮我列举一些可能的问题并提供一些建议吗"或"我需要了解潜在客户对一款新能源汽车的关注点和疑虑。请帮我整理这些信息并提供一些建议"。

（4）**制作多个版本并进行 A/B 测试**。我们可以让 ChatGPT 生成多个版本的文案，然后进行 A/B 测试以评估它们的效果，例如，"我正在撰写产品详情页文案，希望吸引更多的用户点击购买按钮。请帮我生成两个版本的文案，以便进行 A/B 测试"或"我负责推广一个在线旅游平台，想要提高广告的点击率。请帮我生成两个版本的广告文案，以便进行 A/B 测试，评估它们的效果"。通过测试不同的文案元素、表达方式和呈现形式，我们就能找到最有效的组合来提高点击率。

用户提问：

我需要销售一款太阳能手持电风扇，你能提供一些营销方面的创意吗？

ChatGPT 回答：

当然可以，以下是针对这款太阳能手持电风扇的一些营销建议。

1. **强调环保特性**：我们的社会越来越重视环保和可持续发展。你可以强调这款电风扇使用太阳能，无需电池，无碳排放，是环保出行的理想选择。你可以在社交媒体上分享关于环保和太阳能好处的故事，让消费者明白选择这款电风扇也是在为保护地球环境作贡献。

2. **展示便携性和实用性**：这款电风扇不仅环保，还具有便携性和实用性。你可以制作一些短视频，展示在户外活动、野餐、旅行等场景中如何使用它。你可以在社交媒体、抖音等平台分享这些视频，以吸引更多的潜在消费者。

3. **达人营销**：找一些关注环保和科技领域的达人，让他们试用并推荐这款电风扇。他们的推广将使产品触达更多的目标受众。

4. **定制化包装和赠品**：设计一些与环保主题相符的定制化包装，如使用可回收材料制作的包装，在包装上印一些鼓励环保行为的标语。另外，可以提供一些与太阳能手持电风扇配套的赠品，如太阳能充电板，使消费者感受到产品的完整性和附加价值。

5. **限时优惠和团购活动**：开展限时促销活动，如"买一送一"或"团购优惠"，这些活动可以激发消费者的购买意愿，还能提升产品的曝光度。

6. **故事营销**：讲一些关于太阳能如何在干旱地区帮助人

们的故事，或者在偏远地区如何利用太阳能为人们带来光明的故事，这些故事能使消费者感受到太阳能的好处，进而增强他们对产品的兴趣。

7. 建立品牌形象：围绕环保和可持续发展的主题打造品牌形象，发布一些关于公司理念、产品研发过程、社会责任等的博客文章和视频，不断地传达品牌的使命和价值观，以吸引更多拥有共同理念的消费者。

（以上内容由 ChatGPT 生成，未改动）

第 3 章

推广文案：让你的推广『事半功倍』

3.1　提升曝光度与转化率

3.1.1　提升品牌知名度和曝光度

ChatGPT 不仅可以帮助品牌生成有趣、有价值的内容，包括博客文章、社交媒体帖子、新闻稿等，还可以创建品牌故事，以更好地传达品牌的价值观和使命。

它可以代表品牌在论坛和社交媒体上发言，与潜在客户和品牌支持者互动，推广品牌价值观；还可以根据用户的兴趣和行为生成个性化的推广文案，提高品牌曝光度，增强用户体验。

ChatGPT 可以进行快速、个性化、连贯的互动，帮助品牌与受众建立更深入的联系，提升知名度和曝光度，这对品牌建设和营销非常有价值。

用户提问：

> 我是某国潮服装品牌营销总监，我们准备多渠道投放一批夏季新品服饰的推广文案，希望能够在一定程度上提升品牌知名度，增加曝光量。你能帮我写一篇推广文案吗？

ChatGPT 回答：

> 当然可以。以下是一个可能适合您品牌的文案示例。

迎接夏日魔法时刻

炎炎夏日即将来袭，是时候释放你内心的时尚热情了！某国潮品牌一直引领潮流，现在为您带来最令人心动的夏季新品服饰。我们的使命是为您提供令人心动且时尚独特的潮流装备。

1. 独特的风格：我们的夏季新品汇聚了全球新潮的设计，为您打造了一系列别具一格的服装。无论您热衷于都市时尚，还是追求休闲度假风格，我们都为您提供了完美的选择。

2. 多彩的选择：夏季新品丰富多彩，涵盖了从白天到夜晚的所有场合。无论海滩派对、城市漫游还是户外冒险，都有一款与您的个性相得益彰。

3. 舒适与品质：我们深知夏日的需求，因此每一件服饰都注重舒适度和品质。让您在炎炎夏季保持清爽，舒适自在。

4. 立即行动：不要错过夏季火热的时尚！现在，前来某国潮品牌线上、线下店铺，探索我们的夏季新品。更多精彩正在等待着您！

时尚不等人，让我们一起点燃这个夏天的激情！跟随某国潮品牌，成为夏日风尚的引领者！

#夏日潮流 #某国潮品牌夏季新品 #时尚不等人

请注意，这只是一个示例，您可以根据品牌特点、目标受众和营销渠道进行调整，确保文案突出品牌特性，同时可以吸引潜在客户。如果需要更多的帮助或有特定要求，请随时告诉我，我将为您提供进一步的支持。

（以上内容由 ChatGPT 生成，未改动）

ChatGPT 生成的推广文案有一定的吸引力，例如，以引人入胜的方式开始，强调了夏季即将到来，让读者感到兴奋和期待；强调了品牌的使命，即提供时尚独特的潮流装备；文案末尾使用了相关的标签（如"＃夏日潮流"等），有助于提高品牌在社交媒体上的曝光度。

当然，这份推广文案还有一定的改进空间，特别是在提供更具体的产品信息和刺激购买这两个方面。

【怎么推广】

要想提升品牌知名度与曝光度，必须做好推广工作，那么如何通过"爆款"推广文案更有效地推广品牌呢？

用户追问：

如何做才能使这个推广文案在最大程度上提升品牌的知名度与曝光度呢？

ChatGPT 回答：

要使推广文案在最大程度上提升品牌的知名度和曝光度，就要使用一系列策略和营销方法。以下是一些关键步骤。

1. 明确目标受众。确定目标受众是谁，了解他们的年龄、性别、兴趣、购物习惯等，以便明确他们的需求和偏好。

2. 创造引人注目的标题和视觉元素。使用引人注目的标题和高质量的图片或视觉元素，吸引潜在客户的注意力。色彩和排版也应与品牌形象和夏季主题相符。

3. 讲述故事。通过讲述一个引人入胜的故事，让目标受众更容易与您的品牌产生共鸣。这个故事可以与夏季活动、度假或时尚潮流相关。

4. 强化品牌声誉。利用文案强调品牌的价值观、品质和独特性。提及品牌历史、可持续性倡议、客户评价等内容，以增强受众对品牌的信任。

5. 调整营销渠道。以多种形式投放推广文案，如社交媒体、电子邮件、网站、线下活动等，确保目标受众可以在多个平台上看到您的广告。

6. 使用社交媒体和网络达人。利用社交媒体与目标受众互动，并在相关的社交媒体上投放广告。与支持品牌价值观的有影响力的网络达人合作，让他们在其社交媒体上分享夏季新品。

7. 推出促销和竞赛活动。提供限时促销、折扣或举办与夏季新品相关的竞赛活动，以刺激购买行为和社交分享。

8. 分析和优化。使用分析工具来跟踪广告效果，了解哪些渠道和内容对品牌知名度和曝光度产生了积极影响，根据数据结果对广告内容进行调整和优化。

9. 持续沟通。不要只做一次性的推广，持续与目标受众互动，分享夏季新品、时尚趋势和品牌故事。

10. 鼓励客户参与互动。鼓励客户参与互动，回复他们的留言和评论。积极处理客户的反馈，建立良好的品牌口碑。

最重要的是，确保您的推广文案与品牌形象和价值观一致。随着时间的推移，在持续的反馈和改进下，品牌知名度和曝光度应该会逐渐提升。

（以上内容由 ChatGPT 生成，未改动）

3.1.2　吸引潜在客户，提升转化率

ChatGPT 可以分析市场数据和消费者反馈，提供关于当前趋势和受众偏好的信息。这有助于优化文案，以更好地吸引潜在客户。

ChatGPT 可以生成吸引人的标题、副标题和正文内容，以吸

引用户的注意力。我们可以提供一些关于产品或服务的关键信息，然后让 ChatGPT 帮助我们创作引人入胜的文案。

基于潜在客户的特点和需求，ChatGPT 可以帮助我们制定个性化的推广策略。我们可以提供一些关于目标客户的信息，然后让 ChatGPT 生成针对不同群体的推广内容，满足他们的需求，进而抓住客户、说服客户、提高销售转化率。

用户提问：

我是某化妆品品牌电商直播负责人，我们的主要客户是年轻的女性群体。随着男性化妆群体的不断扩大，我们希望抓住这一部分潜在客户，进一步扩大客户群体。领导让我策划一场营销活动，你能帮我写一个能够吸引潜在客户并完成转化的推广方案吗？

ChatGPT 回答：

理解你的需求，以下是一个针对年轻女性和潜在男性化妆客户的推广文案示例，可以用于营销活动。

标题：发现你的美丽之旅——独特化妆体验

副标题：化妆不分性别，让我们一起探索美丽的世界！

正文：

亲爱的化妆爱好者，你是否曾经梦想过探索彩妆的奇妙世界？化妆是一门艺术，是表达自我的一种方式。我们的目标一直是让每个人都能找到自己的美丽，因此，我们非常兴奋地为大家带来一场十分特别的化妆之旅。

男性也能独具风采

近年来，男性化妆爱好者的数量不断增加。他们将化妆视为一种表达自信和创造力的方式。无论你是新手还是专业化妆师，都欢迎你加入我们，一起探索各种令人惊叹的彩妆技巧和产品。

为您提供的精彩内容

1. 专业教程：我们邀请了一批优秀的化妆师，他们将分享专业的化妆技巧，帮助你获得炫目的化妆效果。

2. 新品发布：你将有机会提前体验我们的新品，包括男士专用护肤品和彩妆系列。

3. 特别优惠：凡是参与活动的朋友都能享受特别折扣并获得礼品。

4. 互动交流：参与直播、问答环节和社交媒体互动，与彩妆社区中的其他成员建立联系。

一起来追求美丽

无论你是化妆新手还是经验丰富的专业人士，我们都鼓励你参与这个令人兴奋的活动。化妆不仅是为了展示外在的美丽，更是为了展示内在的自信。

让我们一起探索，一起学习，一起展示自己的美丽。点

击下方链接，加入这场特别的化妆之旅吧！

注册参加活动

无论你的性别如何，你都值得更加美丽！

期待在活动中与你相见！

［企业名称］

该文案旨在鼓励男性和女性化妆爱好者加入一场美妆之旅，突出了化妆不分性别的理念，强调了活动的亮点。你可以根据实际情况对内容进行微调，以更好地满足目标客户的需求。

（以上内容由 ChatGPT 生成，未改动）

ChatGPT 生成的推广文案强调了性别包容性和专业性，关于社交媒体互动的内容也是亮点，但缺少具体细节和个性化元素。

通过添加更多关于活动的具体信息、个性化的内容和明确的时间、地点等信息，可以进一步增强这篇推广文案的吸引力并提高转化率。

【怎么推介】

吸引并挖掘潜在客户及完成销售转化的前提之一就是识别潜在客户并成功地将产品推广文案投放到他们经常出现的地方，那么如何保证"爆款"产品推广文案出现在"正确的位置"呢？

用户追问：

怎样才能让这篇推广文案出现在更多的人面前，并将潜在客户转化为新客户呢？

ChatGPT 回答：

要想让这篇推广文案出现在更多的人面前并将潜在客户转化为新客户，你可以采取以下推广策略。

1. 社交媒体广告：利用社交媒体投放广告，精准地向目标受众推广你的活动。设置好广告预算和投放时间，确保广告出现在潜在客户眼前。

2. 搜索引擎广告：通过搜索引擎投放广告，选择与你的产品相关的关键词，进行广告投放。这可以确保当潜在客户搜索相关内容时，你的广告能够显示在搜索结果中。

3. 合作伙伴营销：与相关领域的博主、网络达人或其他品牌进行合作，让他们分享你的活动和文案，他们的粉丝可能会对你的产品和活动感兴趣。

4. 电子邮件营销：利用现有的客户数据库，向已有客户发送电子邮件，提醒他们参加活动。同时，鼓励他们分享活动信息，以吸引更多的潜在客户。

5. 口碑营销：鼓励参与者分享活动内容，尤其是在社交媒体上。以提供奖励或折扣的方式促进口碑营销。

6. SEO 优化：确保活动内容在搜索引擎中容易被找到。使用合适的关键词，优化页面标题、描述和标签。

7. 社交媒体互动：在社交媒体上积极互动，回复评论和问题，与潜在客户建立联系。分享有关活动的各种内容，包括背后的故事、准备工作和活动亮点。

8. 使用独特的互动元素：利用在线投票、抽奖、问答等互动元素吸引潜在客户参与活动，这可以增加他们与品牌互动的机会。

9. 分析和优化：使用分析工具跟踪活动效果数据，具体包括点击率、转化率和参与度等，根据数据调整推广方案，以增强活动的效果。

10. 口号和标语：使用引人注目的口号和标语来吸引潜在客户。确保这些口号突出你的活动的独特性和吸引力。

通过综合使用这些推广策略，你可以提高活动的可见性，吸引更多的潜在客户，并将他们转化为新客户。记住，持续的互动对于将潜在客户转化为新客户至关重要。

（以上内容由 ChatGPT 生成，未改动）

3.2　引人注目：利用 ChatGPT 创作推广文案

3.2.1　撰写产品、活动、品牌推广文案

1. 撰写产品推广文案

ChatGPT 可以帮助我们分析目标市场，了解竞争对手，不仅可以为我们提供有关如何确定目标受众的建议，帮助我们明确产品的独特卖点和价值，还可以提供关于如何编写吸引人的价值主张的建议，以及推广文案的写作建议。

用户提问：

> 我是某日化品牌的市场部专员，我负责为一款洗发水制定产品推广方案，请你帮我撰写一份产品推广方案，并告诉我应该关注哪些重点。

ChatGPT 回答：

> 当制定一款洗发水产品的推广方案时，需要考虑产品的特点、目标市场及可行的营销策略。以下是一个推广方案示例，供您参考。
>
> **产品背景**
>
> 该洗发水产品是一款有机、天然成分的洗发水，适用于各种发质，包括干燥、油性、混合等。它的特点是无硅油、

无硫酸盐、无对羟基苯甲酸酯，对环境友好，符合可持续发展理念。

目标用户

主要目标用户是年龄为 25～45 岁的男女，他们注重个人护理和环保，愿意为高质量的产品支付额外费用，主要是城市居民。

推广方案

1. 品牌形象建设

（1）创造一个强调环保和可持续发展的品牌形象，包括独特的标志和包装设计。

（2）强调产品的无害成分和功效，与有机、环保、健康生活方式关联起来。

2. 数字营销

（1）建立一个专门的网站，提供产品详细信息、用户评价和在线购买选项。

（2）通过社交媒体发布能够引起大众关注的内容，包括宣传性的文章、用户故事和护发小技巧。

（3）明确广告定位，确保广告只展示给潜在客户。

3. 用户互动和忠诚度

（1）创建反馈渠道，鼓励用户分享使用体验。

（2）推出会员计划，提供优惠和礼品，鼓励忠诚客户。

（3）定期举办线上线下护发沙龙活动，促进用户互动。

4. 零售合作

（1）寻找有机食品店、专业美容院和药店等合作伙伴，将产品引入其销售渠道。

（2）与零售合作伙伴共同举办宣传活动、陈列推广产品，提高品牌知名度。

5. 宣传活动

（1）举办产品发布活动，邀请美容博主、时尚杂志编辑和行业专家参加。

（2）提供免费样品，让媒体和客户亲自体验产品。

（3）利用社交媒体和品牌网站发布宣传视频和用户见证。

6. 社会责任

（1）强调品牌的社会责任，如参与环保项目、支持慈善机构或使用可再生能源等。

（2）向公众传达品牌对可持续发展的承诺。

7. 定期评估

（1）设定 KPI，如销售额、社交媒体参与度、用户反馈等。

（2）定期评估广告效果和销售数据，根据反馈和数据调整策略。

8. 预算管理

制定详细的推广预算，确保各项活动都能得到充分

支持。

9. 时间表

制订一个详细的推广计划，明确每项活动的时间。

通过这个具体的推广方案，您可以更好地规划和执行洗发水产品推广活动，吸引目标客户并提高品牌知名度。不要忘记持续评估和调整策略，以应对市场变化和客户需求。

（以上内容由 ChatGPT 生成，未改动）

2. 撰写活动推广文案

ChatGPT 可以帮助我们更好地了解活动的目标受众，包括他们的需求、偏好、行为和问题，这有助于我们调整活动方案以更好地吸引受众。

ChatGPT 可以提供有关如何宣传和推广活动的建议，包括社交媒体策略及电子邮件营销、合作伙伴关系建立等方面的建议。

ChatGPT 可以提供写作建议，协助我们制定活动预算，建立活动时间表和项目计划，确保所有任务和活动都按计划执行。

用户提问：

假设你是某快消品企业的区域主管，该企业近期要举办一场大型促销活动，请你撰写一份促销活动推广文案。

ChatGPT 回答：

好的，以下是一份通用的促销活动推广文案，您可以根据需要进行微调。

盛夏狂欢大促销

亲爱的顾客们：

在这个炎炎夏日，我们为您准备了一场不可错过的狂欢盛宴！让我们一起庆祝美好的夏天，欢迎您参加我们的盛夏狂欢大促销！

日期：[具体日期]

时间：[具体时间]

地点：[具体地点]或[在线平台（提供链接）]

无论您是品味独特美食的美食家，还是寻找时尚新款的购物达人，我们都为您准备了精彩纷呈的优惠活动。这是您尽情畅享夏日的机会，抓住它，您将获得——

购物狂欢

1. 折扣高达[折扣幅度]的热门商品！

2. 限时特价，百款商品等您来挑选！

美食盛宴

1. 在我们的餐厅品尝美味佳肴，第二道菜半价！

2. 享受食材鲜美的夏季套餐，获得特别优惠！

精彩活动

1. 现场音乐演出，带您尽享夏日音乐狂欢！

2.抽奖活动，赢取丰厚奖品！

无论您是全家出行、与朋友结伴而行还是单独一人出行，我们的盛夏狂欢大促销都将为您带来无限欢乐和惊喜。快邀请亲朋好友一起加入这场令人难忘的夏日狂欢！

请在您的日历上做好标记，因为这将是一场不容错过的夏季活动！我们期待与您相见，一起庆祝美好季节的到来。

不要错过，敬请期待！

［企业名称］

［联系信息］

请根据实际情况填写日期、时间、地点、折扣幅度、特色商品和联系信息等。该文案可以用于传单、社交媒体、电子邮件等。如果您需要进一步的修改或增加特定的信息，请随时告诉我。

（以上内容由 ChatGPT 生成，未改动）

3.撰写品牌推广文案

ChatGPT 可以协助我们创造吸引人的品牌故事和价值主张，帮助我们起草文案，以吸引潜在客户并与其建立情感联系。

ChatGPT 不仅可以帮助我们明确品牌的核心价值、个性和目标客户，还可以分析适合做品牌推广的渠道，如线上广告、线下活动、内容营销等，帮助我们选择最适合的渠道组合。

用户提问：

我是某运动服装品牌的营销专员，现在我需要在微博上做一次品牌推广活动，请你为我撰写一份品牌推广文案。

ChatGPT 回答：

当然可以，以下是一份适用于微博品牌推广活动的文案示例。

运动家，奔跑向未来！

亲爱的运动爱好者们，你们期待已久的时刻终于到来了！我们自豪地宣布，全新一季的运动家运动服饰正式登场，给你带来更时尚的运动体验！

为什么选择运动家？

高性能材质，让你在每个时刻都表现出色！

时尚设计，让你在赛场和街头同样熠熠生辉！

品质保证，只为最出色的你！

无论你热衷于跑步、瑜伽、篮球还是健身，我们都有适合你的装备。选择运动家，让激情永远伴随你的运动之旅！

【特别优惠】

在本次推广活动期间，凡购买运动家新品的顾客，将享受全场 8 折优惠！此外，前 50 位下单的幸运儿还将获得一份神秘好礼！

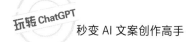

别再等待，快来我们的线上商城选购你心仪的运动装备吧！链接在下方！

［商城链接］

运动家，一起奔向梦想，一起燃烧激情！让我们在运动中相聚，一起成就辉煌！

＃运动家新品＃运动时尚＃运动装备＃品牌推广＃激情运动

请在文案中加入产品特点、特别优惠和购买链接，以吸引更多的用户参与活动。同时，可以根据品牌和产品特点进行适当的修改，使文案更符合品牌形象。祝你的品牌推广活动取得巨大成功！

（以上内容由 ChatGPT 生成，未改动）

3.2.2　利用 ChatGPT 创作小红书推广文案

ChatGPT 在生成小红书推广文案方面可以发挥很大的作用，它可以提供快速、创意十足、个性化的文案生成服务，帮助企业在市场竞争中脱颖而出。

首先，ChatGPT 可以根据用户提供的背景信息和需求，生成富有创意和吸引力的文案。

其次，ChatGPT 可以快速生成多个版本的推广文案，为营销人员提供更多的选择和灵感。

最后，ChatGPT 还可以为小红书推广文案提供优化意见。通过分析用户反馈和数据，它可以不断改进文案内容，提高文案质量。

用户提问：

> 假设你是某彩妆品牌的新媒体推广专员，该品牌计划在小红书平台上做一次产品推广活动，现在请你写一篇推广文案。

ChatGPT 回答：

> 亲爱的小红书达人们：
>
> 秋日悄然而至，为了让你的妆容更加光彩照人，我们精心筹划了一场彩妆盛宴！［品牌名称］诚邀你参与我们在小红书平台上的产品推广活动！
>
> 敢于尝鲜、追求个性的你，对彩妆的热情不言而喻。而我们，作为一家专注于为现代女性带来自信与美丽的彩妆品牌，愿意与你一同探索彩妆的无限可能。
>
> 我们的彩妆产品，不仅使用了高品质的原材料，而且注重细节和色彩的表达，为你塑造极致妆容提供了完美的工具。无论你希望展现出别样魅力，还是追求清新自然，我们

都有最合适的产品来满足你的需求。

在这次推广活动中，我们将与小红书达人们分享［品牌名称］最受欢迎和最新推出的彩妆产品，同时提供一系列专业的使用技巧和搭配建议。无论你是初学者还是彩妆达人，我们都准备了适合你的内容，帮助你展现出最美好的自己。

不仅如此，我们还准备了惊喜福利！在活动期间，购买指定产品的用户将享受特别优惠和赠品。让你所爱的彩妆产品更加物超所值，让你的妆容更加出众！

参与方式非常简单，请关注我们的小红书官方账号［账号名称］，浏览我们发布的推广内容，了解更多关于彩妆产品和使用技巧的信息即可。购买指定产品时，请务必使用活动代码［代码名称］，以确保您能够享受惊喜福利。

现在就加入我们，探索彩妆的奇妙世界，释放你的个性魅力！我们期待着你在小红书平台上与我们共同创造精彩故事。

注：本次活动遵循小红书平台规则，活动时间为××××年××月××日至××月××日，具体细则请查阅我们的小红书官方账号。

再次感谢你对［品牌名称］的支持与关注，让我们一起演绎不一样的美丽！

［品牌名称］团队敬上

（以上内容由 ChatGPT 生成，未改动）

ChatGPT 生成的推广文案的优点在于通过亲切的语气让读者产生情感共鸣，吸引读者关注该品牌，同时突出了品牌和产品的特点，强调了将为读者提供使用技巧和搭配建议，以及购买指定产品可享受福利和优惠；缺点在于缺少具体的产品信息、使用技巧和搭配建议等。我们可以进一步添加具体的产品信息，以引导读者购买产品。

【怎么推广】

ChatGPT 已经帮我们生成了文案，那么如何才能在小红书平台上获得理想的推广效果呢？我们可以直接向 ChatGPT 询问具体的推广方法。

用户追问：

> 如何使推广文案在小红书平台上获得爆炸般的传播效果？

ChatGPT 回答：

> 要想使推广文案在小红书平台上获得爆炸般的传播效果，可以采取以下策略。
> 1. 引起注意。在文案开头使用引人入胜的标题或句子吸引用户的眼球，如使用具有冲击力的词汇、悬念或调查问卷等。

2. 利用视觉元素。小红书是图文结合的平台，因此在文案中加入有吸引力的图片或 GIF 动图，能够更有效地引起用户的注意。

3. 创造互动性。加入互动环节可以提高用户参与度和分享意愿，例如，在文案中设置问题，邀请用户分享自己的心得或参与一些有趣的活动。

4. 利用 UGC（用户生成内容）。鼓励用户在评论区或个人主页中分享他们使用产品的照片和心得，并与他们积极互动，回复他们的问题和留言；设置相关话题标签，以便用户搜索。

5. 社交化推广。除了在小红书平台上发布文案，还可以通过其他社交媒体做多渠道宣传，如微博、微信公众号等，引导用户到小红书平台上参与活动。

6. 与达人合作。与在小红书上有一定影响力的达人合作，通过他们的推荐和分享，扩大文案的传播范围，提高用户关注度和参与度。

7. 把控好时间。选择合适的发布时间，尽量在用户在线高峰期发布文案，提升文案的浏览量和转发量。

8. 持续更新。及时回应用户的留言和问题，与用户互动，在活动期间持续更新相关内容，使用户保持对文案的关注。

将以上策略结合起来，可以提高推广文案在小红书平台上获得爆炸般传播效果的可能性。同时，要提高文案内容与目标受众的匹配度，以吸引更多用户的关注。

（以上内容由 ChatGPT 生成，未改动）

3.2.3 利用 ChatGPT 增强推广文案的表达力

ChatGPT 可以帮助我们找出简洁明了的表达方式，尽量避免使用冗长的句子和复杂的词汇，选择简单易懂的语言来传达信息。

ChatGPT 可以帮助我们使用有吸引力的词汇和情绪来激发读者的兴趣和好奇心，例如，使用积极的形容词、激动人心的语言及与读者相关的情感元素，以便与读者建立情感连接。

我们还可以利用 ChatGPT 生成的文字突出产品或服务的独特卖点和价值，强调其功能、可靠性等，以及如何解决目标客户的问题或满足其需求。

用户提问：

让味蕾狂欢，享受无尽美食时光！

亲爱的零食爱好者们，现在是时候让你们的味蕾踏上一场前所未有的冒险之旅了！我们自豪地带给你们最新鲜、最美味的零食，将口感体验升级加码！

我们的零食仓库里有各种各样的神奇零食，从酥脆的薯

片到香辣的坚果，再到口感多样的巧克力糖果，每一口都将让你沉浸在绝妙的美味中。

我们追求品质和创新，只选择最优质的原材料和独特的制作工艺。每一袋零食都是用心、用爱打造的，而且有严格的质量控制。我们不仅关注味道，更追求健康。我们的零食无人工添加剂、无防腐剂，只有纯正的天然风味。

不论你是在办公室里辛勤工作还是在家中享受休闲时光，我们的零食都能成为你最忠实的伴侣。它们不仅能满足你的味蕾渴望，还能提供能量和快乐，让你精神焕发、充满动力。

别再犹豫了！现在就来我们的网店选购吧！超值的价格、方便快捷的送货服务，让你在尽情享受美食的同时省时省力。无论是自己品尝还是与亲朋好友分享，我们的零食都将带给你难以忘怀的满足感。

加入我们的零食家族，开启一段属于你的美食冒险之旅。让零食成为你疲惫时的甜蜜慰藉，让它们为你的生活增添色彩和乐趣！

立即点击购买，让味蕾与幸福相遇！

上面是某零食品牌的网络推广文案，请你优化文字，让"网络传播感"（一种网络文体特征，简称"网感"）更强，表达方式更符合网络传播的特点。

ChatGPT 回答：

> 各位吃货们，是时候开启一场前所未有的美食冒险之旅啦！我们背后有一支团队，他们不断追求创新，只选用上乘的原材料和独特的制作工艺。严格的质量控制，保证每一袋零食都是纯天然的，无人工添加剂、无防腐剂，只有最地道的美味！
>
> 无论你是在办公室里工作还是在家里休闲，我们的零食都能陪伴你度过美好时光。它们既可以满足你的味蕾渴望，还能给你能量和快乐，让你精神抖擞、充满动力。
>
> 现在就来我们的网店选购吧！高品质、超值价格，配合便捷的送货服务，让你轻松享受属于自己的美食之旅。无论是一个人享用还是和亲朋好友分享，这都将是一段难以忘怀的美食之旅。
>
> 加入我们的零食家族，让这些美味成为你疲惫时的甜蜜慰藉，让它们为你的生活增添色彩和乐趣！立即点击购买，让你的味蕾与幸福相遇！
>
> （以上内容由 ChatGPT 生成，未改动）

可以看出，ChatGPT 优化后的推广文案更符合网络传播的要求。这篇文案在称呼上使用了 "吃货们"，这是一个典型的网络称谓。另外，这篇文案在介绍产品关键点的时候多次使用了一种典型的网络表达方式——"我们的 + 内容"。

【怎么优化】

（1）**增强说服力**。想要让 ChatGPT 帮助我们增强推广文案的说服力，我们可以像下面这样问。

- 我觉得这篇推广文案的说服力不强，你能帮我优化一下吗？
- 怎样才能够让消费者被我们的推广文案打动呢？你觉得有哪些地方可以优化？
- 给这篇推广文案加上一些小案例吧，我觉得这样更好、更有说服力。请帮我优化一下。

用户追问：

　　我觉得这篇推广文案的说服力不强，你能帮我优化一下吗？

ChatGPT 回答：

　　亲爱的吃货们，准备好迎接一场绝妙的美食盛宴了吗？我们自豪地为你们呈上最新鲜、最美味的零食，让你们的味蕾尽情狂欢！

　　我们的零食仓库里有各种撩拨味蕾的神奇零食，从酥脆的薯片到香辣的坚果，再到口感多样的巧克力糖果，每一口都将带你探索无穷的美味世界。

为了追求卓越品质和创新，我们只选用优质原材料和独特制作工艺。每一袋零食都是用心、用爱制作而成的，严格遵循质量控制标准。我们不仅关注味道，更注重健康，绝无人工添加剂和防腐剂，只为给你最纯正的天然风味。

无论你是在办公室里辛勤工作，还是在家中悠闲享受，我们的零食都是你最忠实的伴侣。它们不仅能满足你味蕾的渴望，还能为你提供能量和快乐，让你焕发精神、充满动力。

别再犹豫了！立即光顾我们的网店，超值价格、便捷快速的送货服务，让你尽情享受美食，而且省时省力。无论是自己独享还是与亲朋好友分享，每一次品尝都将带给你无法忘怀的满足感。

加入我们的零食家族，开启属于你的美食冒险之旅。让这些美食成为你疲惫时的甜蜜慰藉，为你的生活增添色彩和乐趣！点击立即购买，让你的味蕾与幸福相遇！

（以上内容由 ChatGPT 生成，未改动）

（2）提升数字力。要想让 ChatGPT 帮助我们提升推广文案的数字力，我们可以像下面这样问。

- 我们运营的是一个 8 年的老品牌，好评率超过 98%，回购率不低于 50%，我希望这些数据出现在推广文案中，请你帮我进一步优化文案。

- 我觉得这篇推广文案缺乏一些吸引人目光的数字，缺乏能让人产生信任的数字，请你使用一些重要的数据，进一步优化这篇推广文案。

- 我希望在这篇推广文案中增加一些数字，这些数字要给消费者留下深刻的印象，请你按要求优化文案。

用户追问：

我们运营的是一个 8 年的老品牌，好评率超过 98%，回购率不低于 50%，我希望这些数据出现在推广文案中，请你帮我进一步优化文案。

ChatGPT 回答：

亲爱的吃货们，请让我向你们介绍一个拥有 8 年历史的优秀品牌！我们自豪地为你们提供最新鲜、最美味的零食，我们通过努力获得了超过 98% 的好评率和不低于 50% 的回购率！

自从［品牌名称］成立以来，我们一直秉承对顾客的承诺——只选择优质的原材料和独特的制作工艺。我们关注每一道工序，严格把控质量，确保每一袋零食都是精心制作的。

超过 98% 的好评率是对我们产品品质的最大认可，而不低于 50% 的回购率更是对我们产品口感的极高赞誉。这些让我们引以为傲的数据证明了顾客对我们的认可与信赖。

现在，为了迎合您更加多样的需求，我们将数据与美食相结合。从酥脆的薯片到香辣的坚果，再到口感多样的巧克力糖果，每一款零食都凝聚了超过 98% 的好评率和不低于 50% 的回购率，为您带来无与伦比的美味体验。

别再犹豫了！立即光顾我们的网店，感受这个拥有 8 年历史的品牌所带来的卓越口感！超值价格、便捷快速的送货服务，让你尽情享受美食，而且省时省力。

成为我们零食家族中的一员，开启属于你的美食冒险之旅吧！让这些口碑极佳的零食成为你疲惫时的甜蜜慰藉，为你的生活增添色彩和乐趣！点击立即购买，让你的味蕾与幸福相遇！

（以上内容由 ChatGPT 生成，未改动）

第 4 章

广告文案：找回广告费中『被浪费的一半』

4.1　广告文案的"三个锁定"

4.1.1　锁定注意力：标题打造与引流

ChatGPT 可以生成多种风格或主题的标题，帮助我们尝试不同的广告策略，找出效果最好的标题。

ChatGPT 可以为广告文案创作提供创意灵感，生成吸引人的标题。

ChatGPT 可以根据我们提供的信息和目标受众的特点，生成个性化的广告标题，更好地吸引消费者的注意，从而实现引流目标。

用户提问：

> 小兰接到任务，她要为一款"爆款"奶茶写广告文案，请你为她拟一些能吸引消费者注意力的标题。

ChatGPT 回答：

> 当然可以！以下是一些能吸引消费者注意力的奶茶广告文案标题。
>
> 1. 品味仙境：奶茶之梦。
>
> 2. 口感升级：奶茶的新时代。

3. 奶茶狂热者的福音。

4. 奶茶魔法：醉美一口。

5. 奶茶独家秘方，等你来解锁。

6. 爱上奶茶，从第一口开始。

7. 饮一杯，爱一生：奶茶的魔力。

8. 奶茶新鲜感，一杯在手，幸福无限。

9. 喝奶茶，是美好生活的仪式。

10. 奶茶狂欢季：尝一口，爱一世。

希望这些标题能够帮助小兰成功吸引大家的注意力，给她的奶茶广告文案添彩！

（以上内容由 ChatGPT 生成，未改动）

ChatGPT 虽然生成了 10 个不错的标题，但是它们的通用性比较强，缺乏特性和记忆点，也没有与"爆款"奶茶的卖点充分结合，所以无法直接使用，我们需要进一步调整。

【怎么吸引】

为了牢牢抓住消费者的注意力，我们要让标题具有一定的噱头，能够实现快速的网络传播，抓住消费者的眼球。

如何让 ChatGPT 理解这个要求并生成能够打动消费者的广告文案标题呢？

我们可以挑选当下较为热门的网络事件，先让 ChatGPT 理解这些事件，然后向它提出优化标题的要求。

我们可以这样问："你知道最近某化妆品牌的'79 元事件'吗？""请你结合这个热门事件为我们的奶茶广告文案拟一些引人注意的标题。"

用户追问：

请你结合这个热门事件为我们的奶茶广告文案拟一些引人注意的标题。

ChatGPT 回答：

当然，下面是结合"79 元事件"为"爆款"奶茶广告文案拟的引人注意的标题。

1. 花 79 元，享受两次奶茶魔法！

2. 花 79 元，来两杯奶茶，甜美又划算！

2. 不是 ×××，却也是 79 元的幸福！

3. 奶茶比 ××× 更值得你的 79 元！

4. 奶茶疯狂特惠：两杯 79 元，奢华的滋味！

5. 奶茶狂欢，不是梦！79 元，启动你和伙伴的美味旅程！

6. 79 元，品味奶茶新境界，回味无穷乐趣！

7. 不只是 79 元，更是奶茶的快乐投资！

8. 奶茶很香，两杯仅售 79 元，乐享人生美味！

希望这些标题有助于增加广告的趣味性,吸引更多人关注你的"爆款"奶茶!

(以上内容由 ChatGPT 生成,未改动)

4.1.2 锁定痛点:简洁明了说卖点

我们可以提供广告文案的初稿,然后让 ChatGPT 进行修改和优化。ChatGPT 可以帮助我们精炼语言,使文案更吸引人,并明确地传达产品卖点。

我们也可以使用不同的表达方式强调产品卖点,创作多个版本的广告文案,然后让 ChatGPT 分析哪个版本效果最好,哪个版本能更好地吸引目标受众。

ChatGPT 可以生成相关的例子和故事,帮助我们将产品卖点嵌入故事情节。带有故事的广告往往更容易引起人们的兴趣和共鸣。

ChatGPT 可以帮助我们创作引人注目的广告标语和口号,这些短语通常是吸引受众的关键,因为它们能够明确传达产品的主要卖点。

用户提问:

某手机品牌正在策划一场营销活动,该品牌最大的卖点就是性价比非常高，请你帮该品牌写一篇广告文案。

ChatGPT 回答：

欢迎来到 ××× 的世界！在这里，性价比不再是妥协的代名词，而是我们的承诺。

性能之选，价值之选！

我们以用户为中心，不断追求创新，努力将先进技术带给每一个人，我们的承诺是：将先进的技术与亲民的价格融为一体，让您享受卓越的手机体验！

为什么是 ×××？

强悍性能：无论您是工作狂人、游戏爱好者还是社交达人，我们的手机都能轻松满足您的需求。先进的处理器，流畅的多任务处理，一切尽在掌握。

惊艳摄影：探索摄影的 ×××，带您进入独一无二的摄影世界。高分辨率摄像头，智能场景识别，美丽瞬间尽在一触之间。

超长续航：再也不用担心电量不够。我们的手机拥有出色的续航能力，让您不受拘束，畅享智能生活。

精致：精雕细琢的艺术品。优质材料和精湛工艺展现了品质与品味的完美结合。

实惠价格：我们坚信，每个人都应该享受到先进技术带

来的好处。×××的价格让您完全没有负担。

承诺：×××，永远站在用户的一边。这不仅是一款手机，更是您的生活伙伴，始终与您同行。

走进未来，选择×××，选择超高性价比。我们的手机不仅是一部通信工具，更是您生活的一部分，承载着梦想、创造与无限可能。与我们一同开启美好未来，因为您值得更好的生活！

×××，性能之选，价值之选。今天，让我们一起创造奇迹！

（以上内容由 ChatGPT 生成，未改动）

ChatGPT 生成的广告文案大体符合我们的要求，但仍有改进的空间。

例如，广告文章可以更加突出"性价比""低价优质""同价更优""造人民需要的手机"等卖点，文字可以更加精炼简洁。

【怎么打动】

如果我们希望用"低价优质""造人民需要的手机"这两个卖点打动消费者，那么应该让 ChatGPT 如何优化广告文案呢？

我们可以向 ChatGPT 提出以下几个要点："更具有感染力""传达低价优质这一卖点""传达'造人民需要的手机'这一卖点""更简洁的广告文案"。

用户追问：

> 我觉得这篇广告文案内容太琐碎，感染力不强。我希望它能够突出"低价优质""造人民需要的手机"这两个卖点。请你进行修改和优化。

ChatGPT 回答：

> 低价，高品质，×××。
>
> 质优不贵，人民所需。
>
> 1. 经济实惠：卓越品质，亲民价格。
>
> 2. 人民所需：满足工作、娱乐、社交需求。
>
> 3. 强劲性能：满足各种需求。
>
> 4. 惊艳摄影：高分辨率，智能识别。
>
> 5. 长续航：无电量忧虑。
>
> 承诺：与您同行，传递梦想。
>
> ×××，低价优质，创造奇迹！
>
> （以上内容由 ChatGPT 生成，未改动）

4.1.3　锁定受众：占领消费者心智

ChatGPT 可以进行情感分析，帮助我们理解受众对产品或品牌的情感。

ChatGPT 通过分析受众在社交媒体、评论或问卷中的言论，可以帮助我们识别他们关注的话题，了解当前的热门话题和各种趋势。

ChatGPT 可以提取关键词和短语，帮助我们了解受众对特定领域或产品的关注点，进而做出更加准确的市场定位和用户定位。

用户提问：

我是某新能源汽车品牌的市场部专员，请你帮我分析现在的新能源汽车市场中消费者最关心的话题是什么。

ChatGPT 回答：

新能源汽车市场一直在不断发展，消费者的关注点也在不断变化。以下是目前新能源汽车市场中消费者最关心的一些话题。

1.续航里程：续航里程是消费者选择电动车时会考虑的关键因素之一。消费者希望他们的电动车能够满足日常驾驶需求，不需要频繁充电。因此，改进电池技术、延长续航里程是新能源汽车市场中的一个重要竞争点。

2.充电基础设施：消费者担心充电基础设施的可用性和便利性。他们希望能够方便地找到充电桩，并且充电速度要快。建设更多的公共充电站和提高充电效率可以增强电动车的吸引力。

3. 价格和补贴：新能源汽车的价格通常较高，但政府补贴和税收减免可以显著降低购车成本。因此，消费者关心政府是否提供相关的鼓励政策以降低他们购买新能源汽车的成本。

4. 性能和驾驶体验：消费者不仅关心电动车的环保特性，还关心其性能和驾驶体验。他们期望电动车在加速、悬挂、操控等方面能够与传统内燃机汽车媲美甚至超越传统汽车。

5. 可持续性和环保：新能源汽车的主要卖点之一是其环保性。消费者关心电动车的碳足迹，包括制造过程中的环境影响和电池的可回收性。提供可持续的解决方案可以吸引更多的消费者。

6. 安全性：消费者非常关心电动车的安全性，包括车辆的碰撞安全性能和电池的安全性。制定并遵守相关的安全标准是让消费者产生信任的关键。

7. 品牌声誉和可靠性：消费者通常更愿意购买来自知名汽车制造商的电动车，因为他们对品牌有信任感。同时，电动车的可靠性也是一个重要因素，消费者不希望频繁面临维修问题。

8. 车型选择：不同类型的电动车，如纯电动车、插电混合动力车和燃料电池车，都有各自的优势和劣势。消费者会

根据其需求和预算选择适合的车型。

9. 充电成本：消费者关心充电成本，包括电费和充电设备的购置成本。降低充电成本可以增强电动车的吸引力。

10. 技术和智能功能：许多消费者对电动车上的最新技术和智能功能感兴趣，如自动驾驶辅助系统、远程控制和连接性功能。

市场部可以根据消费者的这些关注点确定营销策略和产品开发方向，以更好地满足市场需求并增强品牌竞争力。同时，市场部还应该密切关注新能源汽车市场的动态，因为这个行业在不断演变和创新。

（以上内容由 ChatGPT 生成，未改动）

ChatGPT 较为准确地分析了当前新能源汽车市场中消费者的关注点，这确保了广告文案的总体方向不会跑偏。接下来我们要做的是聚焦于消费者关心的话题，创作出能够抓住消费者痛点的广告文案。

【怎么打动】

如何让广告文案打动消费者呢？如何让 ChatGPT 生成能够打动消费者的广告文案呢？我们可以像下面这样问。

- 请你围绕续航里程、充电基础设施、价格和补贴、性能和驾驶体验、可持续性和环保、安全性、品牌声誉和可靠性、车型选择、充电成本、技术和智能功能这 10 个要点，写一篇新能源汽车的广告文案，要准确抓住消费者的痛点。

- 我服务于某中端新能源汽车品牌，请你针对续航里程、安全性、充电成本这三个消费者关注的痛点，写一篇广告文案。

- 请你以故事的形式写一篇新能源汽车广告文案，要抓住技术和智能功能这两个要点。

用户追问：

我服务于某中端新能源汽车品牌，请针对续航里程、安全性、充电成本这三个消费者关注的痛点，写一篇广告文案。

ChatGPT 回答：

当然，请看下面的广告文案，它着重突出了中端新能源汽车品牌在续航里程、安全性和充电成本方面的优势。

题目：探索未来，畅行无忧。

正文：

在新能源汽车的时代，我们的中端新能源汽车不仅让驾驶更环保，还为你的日常生活带来便捷与安全。你的需求，我们的承诺。

续航里程：我们明白，续航里程一直是你最担心的问题。不要担心，因为我们的车辆超越了你的期望。每一次充电都将带你行驶更远的路程，让你告别充电焦虑。

安全性：当涉及你和你的家人的安全时，我们从不妥协。我们的中端新能源汽车配备了先进的安全技术，确保你每一次出行都充满信心。从碰撞安全性到智能驾驶辅助系统，我们关心你的安全，就像你一样。

充电成本：我们明白，除了购车成本，你还关心充电费用。我们的新能源汽车设计旨在降低充电成本。更高的能效和节能技术将减轻你的负担，让你更轻松地享受出行。

不要再等待，加入我们，享受续航里程、安全性和充电成本的全新体验。掌握未来，从今天开始。

一起，开启绿色出行新纪元。

这篇广告文案强调了中端新能源汽车品牌在续航里程、安全性和充电成本方面的竞争优势，同时以积极、可靠的语气鼓励消费者行动起来。

（以上内容由 ChatGPT 生成，未改动）

4.2 高效转化：利用 ChatGPT 增强广告文案的 "销售力"

4.2.1 利用 ChatGPT 创作产品广告文案

ChatGPT 可以在广告文案的创作过程中提供创意灵感、主题内容、修改建议等多个方面的帮助，辅助我们快速地创作出吸引人的广告。

ChatGPT 可以帮助我们思考不同的广告创意和观点，更好地吸引目标受众的注意力。ChatGPT 可以生成广告文案草稿，包括标题、正文和呼吁行动，供我们进一步审查和修改。

ChatGPT 可以提供关于广告文案结构、内容和风格的建议，辅助我们创作出更吸引人的文案。

用户提问：

> 某化妆品品牌想要打造"爆款"口红，邀请了很多网络达人进行营销宣传，请你写一篇有助于打造"爆款"口红的广告文案。

ChatGPT 回答：

> 当然可以！以下是一篇口红广告文案示例。

发现你的独特光芒

在这个美丽的世界里，每个人都有自己的故事，都有自己独特的魅力。现在，我们为你带来一款独一无二的口红，让你的妆容散发光芒，如同星空中最耀眼的星辰一样璀璨夺目。

什么是真正的自信？

真正的自信来自内心，而我们的新款口红将帮助你表达自己，勇敢地展示真实的自己。无论你是谁，无论你在哪里，这款口红都将成为你自信的一部分，帮你打造独特的风格。

为什么选择我们的口红？

多种色彩选择：我们的口红系列涵盖了从温柔粉红到深邃宝石红的多重色彩，无论你喜欢清新自然还是性感迷人，都能找到完美的色调。

高度保湿：我们的口红含有天然保湿成分，让你的双唇保持水润，告别干燥和裂纹。

持久色泽：无论是白天会议还是夜晚派对，我们的口红都能保持色泽长达 8 小时，无需频繁补妆。

社交媒体红人推荐：许多网络达人已经爱不释手了，她们说这是她们的美容秘密。现在，轮到你加入她们的行列了！

现在购买，可以享受特别优惠！

这不仅是一款口红，更是自信的象征。现在购买我们的口红，你将获得——

限时折扣：首批购买者可享受 10% 的折扣！

免费送货：所有订单均可享受免费送货服务。

满意保证：如果你不满意，我们将提供全额退款。

礼品包装：每个订单都附赠精美礼品包装。

不要再等待了，释放你的独特魅力，让世界见证你的光芒！点击下方链接，立刻购买我们的新款口红，一起开启美丽新旅程！

［立刻购买］

#敢爱敢做 #发现独特之美 #×××口红

（以上内容由 ChatGPT 生成，未改动）

ChatGPT 生成的广告文案强调了口红产品的特点及其与消费者情感联系，但可能需要通过讲述更多的创新和品牌故事将自身与竞争对手区分开来，这样才能确立自身的独特定位，吸引更广泛的受众。

【怎么精炼】

我们可以参考、部分使用 ChatGPT 生成的广告文案，但需要对其做进一步的精炼。

如何让 ChatGPT 逐步精炼自己的回答呢？为了紧密结合实际情况，我们应该向 ChatGPT 提供更多的必要信息，帮助它精炼和

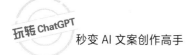
优化文案。

例如，我们可以告诉它"我们的口红是天然植物上色，健康无污染，请你围绕这个卖点修改文案"，或者"我们这个品牌已经有几十年的历史了，是老牌国货，质量和信誉都是有保证的，请据此修改产品的广告文案"，或者"高级感、轻奢感、独特感，这三点是我们口红的主要卖点，请你在广告文案中把这三点放到重要的位置"。

我们可以通过上述方式帮助 ChatGPT 理解产品广告文案应该突出哪些核心内容，去掉不重要的内容，进一步精炼文案，增强广告文案的"销售力"。

4.2.2　利用 ChatGPT 创作企业形象宣传文案

ChatGPT 可以生成新颖、有创意的点子，帮助我们塑造和宣传企业的形象。ChatGPT 可以生成企业形象宣传文案初稿，包括企业介绍、使命宣言、核心价值观、故事叙述等。

ChatGPT 可以提供关于文案结构、风格、语气和要点的建议，以确保文案内容符合企业形象。

ChatGPT 可以生成引人入胜的企业故事或案例，帮助企业建立与目标受众的情感联系。ChatGPT 可以在文案中强调企业的独特之处和竞争优势，从而让企业形象更加突出。

用户提问：

> 我是某人工智能公司的企业文化专员，我们的愿景是打造"未来的生活"，请你为我写一篇广告文案来宣传我们的企业形象。

ChatGPT 回答：

> 当然，请看以下广告文案。
>
> 标题：创造未来的生活，与我们一起启航！
>
> 正文：
>
> 在这个充满无限可能的世界，×××人工智能公司为您带来前所未有的体验。我们的使命是引领人工智能革命，让每一个生活片段都变得更加智能、更加便捷、更加美好。
>
> **我们的愿景**
>
> **重塑生活**：我们不仅是一家科技公司，更是一股改变生活方式的力量。我们倡导创新，将未来的生活带到今天，帮您创造更加便捷、有趣和有意义的生活。
>
> **拥抱创新**：我们不断突破技术边界，不畏未知，勇攀高峰。我们致力于研发最先进的人工智能技术，以满足您的需求，并超越您的期望。
>
> **关爱未来**：我们不仅关注当下，更关注未来。我们的企业文化强调可持续发展和社会责任。为了创造更美好的未

来，我们坚守承诺。

与我们一起启航，探索无限可能！无论在智能家居、智能城市、医疗保健领域还是在教育领域，×××人工智能公司都在不断创新，为您打造更智能的生活。

加入我们的行列，共同创造未来！

创新：挑战传统，开创未来。

协作：与杰出的团队一起实现梦想。

激情：热情洋溢，为客户提供卓越服务。

责任：肩负社会使命，塑造可持续的未来。

选择×××人工智能公司，与我们一起为"未来的生活"添砖加瓦。让我们共同打造一个更加智慧、更加美好的明天！

这篇广告文案强调了您公司的愿景和价值观，同时呼吁潜在客户和合作伙伴加入您的团队，共同创造"未来的生活"。希望这篇文案对您有所帮助！如果您需要进一步的修改或者有其他要求，请随时告诉我。

（以上内容由 ChatGPT 生成，未改动）

ChatGPT 生成的企业形象宣传文案强调了公司的愿景和价值观，但对客户的吸引力和说服力还不够强，我们可以通过添加更多的具体信息和案例来增强其吸引力和说服力。

【怎么精炼】

这篇企业形象宣传文案通用性有余、独特性不足，投放之后很可能会成为没有记忆点的普通文案。

我们可以让 ChatGPT 继续精炼文案内容，把企业形象宣传要点变成文案要点，不断精炼文案，不断提高转化率。我们可以像下面这样问。

- 我们公司的创始人大二时从 ××× 大学休学，因为他嗅到了人工智能的商机，最终成了 ××× 领域的第一人，请你把这个企业形象宣传点作为文案的要点之一。

- 我们致力于利用人工智能技术不断提高生活品质，改变生活方式，让每个人都拥有自己的问题解决团队，请你围绕这个企业形象宣传点，把合适的故事和案例放到企业形象宣传文案中。

- 我们帮助过一个女孩，她的妈妈去世了，她想永久保留妈妈手机里面的数据。我们使用她妈妈留下的资料和数据，为她设计了一个人工智能虚拟人物。我们希望这个虚拟人物能在未来一直陪伴她，给她生活下去的力量。这是我们想传达的企业形象和精神，请你根据这个故事进一步优化企业形象宣传文案。

4.2.3　利用 ChatGPT 增强广告文案的说服力与传播力

ChatGPT 可以帮助我们更好地了解客户需求和行为，写出更符合目标客户群体口味和兴趣的广告文案，增强文案的说服力，提升广告的转化效果。

基于 ChatGPT 对目标群体的分析，我们可以写出更符合目标客户群体口味的广告文案，增强广告文案的传播力，从而提高广告的点击率和转化率。

用户提问：

> 发现你内心的自由之翼！IntelliFit 智能健身房，为你带来个性化的健身体验。

> 你无需花费大量时间寻找合适的健身计划，IntelliFit 可以为你提供定制化的健身方案，根据你的身体状况、健康目标和喜好，选出最适合你的训练内容，帮你快速塑造健美身材，让你与自信不再遥远。

> IntelliFit 引领健身科技潮流，智能硬件设备提供即时反馈和指导，确保你的动作正确无误；智能跟踪系统记录每一次训练的数据，帮助你实时监测进度，持续激励自己超越极限。

> 更有专业教练团队提供贴心服务，随时解答你的疑问，调整你的训练计划，让你安心地享受健身的乐趣。

> 释放你的潜能，尽情展翅飞翔！立即加入 IntelliFit 智能健身房，开启健康活力新生活！

> 以上是某健身运动品牌的广告文案，请你进一步优化文字。

ChatGPT 回答：

> IntelliFit 智能健身房，助你开启个性化健身之旅！
>
> 不要再浪费时间寻找适合你的健身计划，IntelliFit 将为你量身定制专属于你的健身方案，综合考虑你的身体状况、健康目标和喜好，选出最适合你的训练内容，帮你快速塑造健美身姿，让你离完美自信更近一步。
>
> IntelliFit 引领健身科技潮流，智能硬件设备提供实时反馈和指导，确保你的动作准确无误；智能跟踪系统记录每一次训练的数据，帮你实时监测进度，持续激发自我超越的动力。
>
> 我们拥有专业的教练团队，他们可以随时为你解答疑问，调整训练计划，确保你在愉快的氛围中享受健身的乐趣。
>
> 释放你的潜能，展翅高飞！立即加入 IntelliFit 智能健身房，开启健康活力的全新生活！
>
> （以上内容由 ChatGPT 生成，未改动）

可以看出，ChatGPT 优化后的广告文案冗余词变少了，突出了关键信息，语言的吸引力和说服力增强了。

ChatGPT 通过简化句子结构、使用生动形象的词汇，以及更准确地表达 IntelliFit 智能健身房的特点和服务，进一步增强了广告文案的吸引力。

【怎么优化】

（1）增强文字说服力。要想让 ChatGPT 帮助我们增强广告文案的说服力，我们可以像下面这样问。

- 我希望进一步增强广告文案的说服力，尤其是在打动健身人群这个方面，请你据此优化广告文案。
- 如果我是一个没有健身习惯的人，我会觉得这篇广告文案并不能说服我，你觉得应该如何吸引并说服没有健身习惯的年轻人？请你据此优化这篇广告文案。
- 怎样才能通过这篇广告文案增强人们对该健身运动品牌的信任感呢？如何才能使大家不抵触甚至乐于看到我们的广告呢？你有哪些优化思路？

用户追问：

　　我是一个没有健身习惯的人，我觉得这篇广告文案并不能说服我，你觉得应该如何吸引并说服没有健身习惯的年轻人？请你据此优化这篇广告文案。

ChatGPT 回答：

　　IntelliFit 智能健身房，点亮你的健康新生活
　　也许你是没有健身习惯的年轻人，我们理解你可能在开始健身之前有一些犹豫和困惑。但是，IntelliFit 将为你带来全新的健身体验，帮助你克服困难，并享受到健康生活的种种好处。

定制化计划：不用担心无从下手，IntelliFit 将为你量身定制个性化的训练方案。根据你的身体状况、目标和喜好，我们将提供最适合你的训练内容，让你的健身之旅更轻松、有趣。

智能互动：IntelliFit 采用智能硬件设备，实时反馈你的动作准确与否，确保你每一次训练都更加高效。智能跟踪系统可以记录你的训练数据，可视化展示你的进度，激励你不断超越自我。

专业教练团队支持：我们拥有经验丰富的教练团队，他们可以随时为你解答疑问，调整训练计划。你将在专业指导下完成训练，获得更高效、安全的健身体验。

乐趣与挑战并存：健身不应该是枯燥乏味的，IntelliFit 注重打造愉悦的氛围，让你每一次锻炼都能享受到乐趣。同时，我们会帮助你设定合适的挑战目标，让你持续进步，最终取得令人骄傲的成果。

IntelliFit 智能健身房，为没有健身习惯的年轻人提供量身定制的方案，帮助你养成健康的生活习惯，焕发自信新态度！立即加入我们，开启健康、活力的全新生活！

（以上内容由 ChatGPT 生成，未改动）

（2）增强网络传播力。要想让 ChatGPT 帮助我们增强广告文案的网络传播力，我们可以像下面这样问。

- 我看了这篇文案，但我完全不想把它分享出去，更不会把它推荐给我的朋友。如何让这篇广告文案具备"爆款"网络文章的特质呢？请你据此帮我优化这篇文案。
- 这篇广告文案没有"网感"，你可以将"网感"理解为网络营销文案的独特风格。请你优化这篇广告文案，让其"网感"更强。
- 怎样才能提高这篇广告文案在年轻人、白领这些健身主力人群中的讨论热度呢？怎样才能让他们自发自觉地分享和推荐这篇文章呢？

用户追问：

> 我看了这篇文案，但我完全不想把它分享出去，更不会把它推荐给我的朋友。如何让这篇广告文案具备"爆款"网络文章的特质呢？请你据此帮我优化这篇文案。

ChatGPT 回答：

IntelliFit 智能健身房，引爆你的健身潜能

不满足于平凡，我们追求超越极限！IntelliFit 将为你带

来全新的健身体验，让你真正享受到健康、活力和成就的无限可能。

英雄打卡挑战：成为健身界的英雄！IntelliFit 每月举办激动人心的打卡挑战，让你与全国健身爱好者一较高下。完成挑战目标，不仅能赢得荣誉，还有机会赢取豪华健身器材和丰厚奖品。准备好接受挑战了吗？

明星教练护航：来自全球优秀教练团队的指导，将帮助你获得更好的训练效果。他们曾指导过知名运动员、影视演员，现在将专属技巧和秘籍传授给你。跟随他们的步伐，你将在健身领域大放异彩！

独家私享福利：IntelliFit 会员独享一系列福利！享受每周限量特训课程、专属健身指导和饮品充值优惠，让你感受到与众不同的 VIP 待遇。与我们一起，开启尊贵健身之旅！

动感社交互动：在 IntelliFit，健身不再孤单！我们精心设计的社交平台可以帮助你与全球健身爱好者交流，分享动态、挑战目标和成果。结识志同道合的朋友，共同创造活力十足的健身朋友圈！

IntelliFit 智能健身房，激发你的健身激情，点燃你的社交网络！快加入我们，成为炙手可热的健身潮流先锋，引领健身热潮！立即行动，改变你的人生！

（以上内容由 ChatGPT 生成，未改动）

第 5 章

商品详情页文案：精彩呈现，
让订单像雪花般飞来

5.1　商品详情页文案的"三个呈现"

5.1.1　呈现产品特点与功能

在电商平台上，商品详情页一般都会详尽地介绍产品特点与功能，即通过文字、图片和视频等形式全面介绍和展示产品的独特卖点和实际使用效果。其关键在于清晰准确地传达产品的关键特性和用户关心的功能和效果，激发用户的兴趣和购买意愿。

我们可以向 ChatGPT 提出相关问题，询问产品的独特之处、能够满足用户需求的功能及其与竞争产品相比的优势，从而得到更具吸引力和说服力的描述。

用户提问：

> 某品牌新推出一款精华液，设计部需要制作商品详情页，请根据商品详情页要求写一篇介绍精华液特点与功能的文案。

ChatGPT 回答：

> **品牌：某品牌**
>
> **产品名称：全新精华液**
>
> **产品特点与功能：**
>
> （1）独特配方。全新精华液采用独特配方，融合了科学

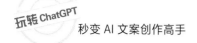

有效的成分，为皮肤提供全面的护理。

（2）**深度滋养**。全新精华液能够深层滋养皮肤，渗透到肌肤底层，为干燥、缺水的肌肤注入水分和养分，有助于改善肤色不均、细纹出现等问题。

（3）**强效修复**。全新精华液中的修复成分能够迅速修护肌肤损伤，减少环境压力和日常紫外线对皮肤造成的伤害。长期使用该精华液可帮助肌肤恢复健康状态，使皮肤变得更加光滑、柔嫩。

（4）**提亮肤色**。全新精华液内含多种亮白成分，可以有效抑制黑色素的产生，淡化暗沉和色斑，使肌肤更加透亮。

（5）**抗衰老**。全新精华液添加了抗衰老成分，具有抗氧化和紧致的作用，可有效对抗肌肤老化，减少细纹和皱纹，使肌肤恢复弹性。

（6）**温和无刺激**。全新精华液经过严苛的安全测试，温和、无刺激，适用于各类肌肤，包括敏感肌肤。

使用方法：

每日早晚洁面后，取适量精华液均匀涂抹于脸部及颈部，轻轻按摩至吸收即可。精华液可以单独使用，与其他护肤品搭配使用效果更佳。

注意事项：

请避免接触眼睛区域。

若在使用过程中出现不适或过敏，请立即停止使用并咨询专业医生。

请放置于干燥阴凉处，避免阳光直射。

温馨提示：

使用精华液后，请继续保持良好的日常护肤习惯，定期卸妆、清洁皮肤、补充水分、防晒，以达到最佳的护肤效果。

注意：以上信息仅为商品详情页文案，具体产品属性以实际为准。

（以上内容由 ChatGPT 生成，未改动）

在提问时，我们可以向 ChatGPT 描述文案的适用场景，如"设计部需要按照文案制作商品详情页"或"符合详情页要求"。明确使用场景后，ChatGPT 生成的内容会更符合要求。

【怎么定位】

当 ChatGPT 的回答过于宽泛时，我们可以提出"请深入介绍抗衰老这一功能""加强提亮肤色这一特点的介绍"等要求，强调产品优势并进行追问，帮助 ChatGPT 更准确地理解产品特点，使其生成更符合要求的回答。

5.1.2　呈现产品的独特优势

我们利用 ChatGPT 生成详情页文案时，可以从产品使用的

创新技术、高品质原材料、用户体验、功能多样性等方面进行提问。

用户提问：

某大米品牌想要推出一款有独特优势的大米产品，请提供一篇文案供设计部制作详情页。

ChatGPT 回答：

品牌：某大米品牌

产品名称：××大米

产品特点与功能：

（1）优质产地。××大米来自精选的优质产地，其中包括肥沃的河谷和农田。这些地区的土壤和气候条件有利于稻米的生长和发育。

（2）精心种植。我们的大米经过精心种植，采用无污染的种子和环境友好的种植方法。在生长过程中不使用任何农药，保证了大米的纯净和健康。

（3）独特口感。××大米颗粒饱满，口感细腻，煮熟后米粒饱满有弹性。每一口都能感受到大米的细腻和香甜。

（4）营养丰富。××大米富含营养物质，包括蛋白质、脂肪、维生素和矿物质等。它是一种理想的主食，为身体提供所需的能量和养分。

（5）多样烹饪。××大米适用于各种烹饪方式，无论是煮饭、蒸饭还是炒饭，都能展现其独特的风味和口感。它可以与各种菜肴搭配，为您带来美味的体验。

（6）安全可靠。××大米经过严格的质量控制和检测，完全符合食品安全标准。每一粒大米都经过筛选和洗净，您可以安心食用。

（7）可持续发展。我们致力于可持续发展和环境保护，采用可持续的种植和加工方式，最大限度地减少对环境的负面影响。选择我们的产品，就是在支持环保事业。

使用方法：

（1）清洗大米。将适量大米放入盆中，用清水漂洗2～3次，直至水清为止。

（2）浸泡大米。将清洗好的大米放入容器，倒入适量的清水，浸泡30分钟左右。

（3）煮熟大米。将浸泡好的大米放入电饭煲或炊具，按照您的习惯和口感要求加水并煮熟。

注意事项：

请保存在干燥、阴凉的地方，避免受潮和阳光直射。

本产品为食品，仅供食用，不可作为其他用途。

若发现包装破损或异味，请勿食用，以免影响健康。

温馨提示：

大米是重要的主食之一，请合理搭配膳食，均衡地获取营养。

注意：以上信息仅为商品详情页文案，具体产品属性以实际为准。

（以上内容由 ChatGPT 生成，未改动）

ChatGPT 的回答介绍了该大米产品的主要卖点，虽然比较全面，但并未呈现出其独特优势，我们可以从"创新技术""高品质原材料""买家真实体验"等角度进一步追问。

【怎么挖掘】

要想让 ChatGPT 在回答中突出产品的独特优势，就一定要提供具体案例。我们可以提示 ChatGPT 在商品详情页文案的关键部分添加疑问句，强调独特卖点，如"该品牌的大米是否富含营养素"或"该品牌的大米的口感如何？是否细腻"等。

我们可以从健康价值、味道口感、种植和加工方法、产地等优势中进一步挖掘，向 ChatGPT 进行追问。

用户追问：

请围绕该品牌大米的味道口感进一步优化商品详情页文案，要突出对大米的味道和口感的形容，适当结合买家体验和买家秀等内容。

ChatGPT 回答：

品牌：某大米品牌

产品名称：××大米

产品特点与功能：

（1）独特口感。我们的大米能带给您无与伦比的口感体验。每一颗粒都饱满而富有弹性，让您在咀嚼间感受到细腻丝滑的口感。

（2）诱人香气。我们的大米煮熟后散发着诱人的米香，让您在食用时备感享受。

（3）鲜美味道。大米种植地优越的环境和我们的精心种植保证了大米的鲜美味道。每一口都充满了纯正的米香，让您难以忘怀。

（4）多样烹饪。我们的大米可以采用多种烹饪方式，如煮饭、蒸饭和炒饭等。无论您选择哪种烹饪方式，都可以保持大米的独特口感。

（5）与菜肴搭配。我们的大米不仅可以单独享用，还可以与各种菜肴完美搭配。无论肉类、海鲜还是蔬菜，都能与大米相得益彰。

使用方法：

（1）**清洗大米**。将适量大米放入盆中，用清水漂洗2～3次，直至水清为止。

（2）**浸泡大米**。将清洗好的大米放入容器，倒入适量的清水，浸泡30分钟左右。

（3）**煮熟大米**。将浸泡好的大米放入电饭煲或炊具，按照您的习惯和口感要求加水，煮熟即可食用。

注意事项：

请保存在干燥、阴凉的地方，避免受潮和阳光直射。

本产品仅供食用，不可用于其他用途。

若发现包装破损或异味，请勿食用，以免影响健康。

温馨提示：

大米是重要的主食之一，请合理搭配膳食，保证营养均衡。

感谢您对我们的支持！我们期待着您亲自品尝这款独具风味的大米。无论是与家人共进晚餐，还是向朋友们展示烹饪手艺，相信您都会因为我们的大米而收获赞叹和满满的幸福感。如果您有疑问或希望分享您的体验，欢迎随时联系我们，让更多人也能领略到这份美味！

注意：以上信息仅为商品详情页文案，具体产品属性以实际为准。

（以上内容由 ChatGPT 生成，未改动）

5.1.3　呈现产品的使用场景和效果见证

产品的使用场景是指产品的实际使用环境和情境。效果见证是指通过客户的真实案例、评价或证明来展示产品的实际效果。

在商品详情页中生动地展示产品在真实场景中的使用效果和用户满意度，可以帮助潜在用户更深入地了解产品的功能和价值。

用户提问：

假如你是电商运营人员，请你为三款口红写一篇针对不同使用场景并突出使用效果的商品详情页文案。

ChatGPT 回答：

口红一：日间自然妆容款

产品名称： 自然妆感口红

产品特点与功能：

（1）质地轻薄。我们的自然妆感口红质地轻薄，不会产生沉重的妆感。轻轻一抹，即可展现自然清透的妆容。

（2）持久保湿。自然妆感口红特别添加滋润成分，让您的双唇时刻保持水润娇嫩，再干燥的冬季，也能持久保湿，不易脱妆。

（3）自然显色。自然妆感口红具有轻柔的色彩，能够提亮并衬托您的肤色，给双唇增添自然、健康的光泽，让您绽放自信笑容。

（4）方便易用。自然妆感口红设计精巧，便于携带和随时补妆。

搭配场景与效果：

（1）日常工作。清透自然的妆容，让您在工作场合展现专业形象和亲和力。

（2）休闲时光。和朋友一起购物、喝咖啡时，自然妆感口红让您看起来活力四射。

（3）约会。在约会时，自然妆感口红为您增添一抹迷人的唇色，让您更加吸引人。

口红二：夜晚聚会款

产品名称：闪耀夜场口红

产品特点与功能：

（1）高饱和度。闪耀夜场口红采用高饱和度的色彩，让您的双唇亮眼夺目，在光线下唇色更加出众。

（2）丝滑质感。闪耀夜场口红拥有丝滑质感，涂抹顺滑，触感舒适，带给您极致的妆感体验。

（3）持久显色。闪耀夜场口红采用特殊配方，可以持久显色。一次涂抹，整晚都能保持绚丽色彩。

（4）时尚光泽。闪耀夜场口红赋予双唇时尚的光泽，让您在夜晚聚会中成为人群中的焦点，散发迷人魅力。

搭配场景与效果：

（1）晚宴派对。在正式的晚宴或派对上，闪耀夜场口红能让您的双唇散发高贵且富有光泽的魅力。

（2）舞台演出。如果您是表演者，闪耀夜场口红能为您的妆容增添亮点，使您在舞台上更加夺目。

（3）夜店狂欢。闪耀夜场口红的高饱和度和光泽效果能让您在夜店狂欢中尽显迷人风采。

口红三：日常通勤款

产品名称：优雅通勤口红

产品特点与功能：

（1）自然妆感。我们的优雅通勤口红拥有自然衬托肤色的色调，让您在通勤中展现出优雅自信的形象。

（2）持久保湿。优雅通勤口红特别添加滋润成分，可以持久保湿，避免干燥和脱妆问题，让您在整个工作日都保持唇部水润。

（3）质地轻盈。优雅通勤口红质地轻盈，涂抹时没有沉重感，让您感受到轻柔舒适的触感。

（4）日常衬托。优雅通勤口红的色彩可以与您的日常妆容完美融合，既展现出自然优雅，又不失亲和力。

搭配场景与效果：

（1）办公场合。在办公室或商务会议中，优雅通勤口红能帮助您打造得体的妆容，展现职业魅力。

（2）日常购物。优雅通勤口红的自然衬托肤色效果，让您在购物时更具亲和力，让服务人员更喜欢与您互动。

（3）社交聚会。无论是与朋友聚餐还是参加社交活动，优雅通勤口红都能让您看起来优雅得体，成为聚会中的焦点。

以上是三款口红的商品详情页文案，具体产品属性以实际为准。

（以上内容由 ChatGPT 生成，未改动）

ChatGPT 的回答描述了不同款式口红的使用场景和使用效果，能够帮助用户初步了解各款口红。在提问时，我们可以向 ChatGPT 强调品牌风格和产品属性，使回答更符合我们的要求。

例如，我们可以要求 ChatGPT 介绍肤色和妆面要求、具体的使用场合，或者明确地给出"自然""鲜艳""高贵"等关键词。

【怎么表达】

我们向 ChatGPT 提问时，表达要简洁明确，并提供足够的背景信息和细节，如工作上班场景、上课上学场景、聚会约会场景适合使用哪款口红。

另外，我们在提问与追问时，尽量每次只问一个问题，这样 ChatGPT 就可以更专注地回答问题，避免偏离主题。

用户追问：

> 请你为三款口红各写一篇针对特定使用场景、突出使用效果的商品详情页文案。提示：口红一适合工作上班场景，主打简约日常；口红二适合上课上学场景，主打俏皮可爱；口红三适合聚会约会场景，主打彰显魅力。

ChatGPT 回答：

> 【口红一】
>
> 品牌：XX 美妆
>
> 系列：经典系列
>
> 色号：自然裸色
>
> 使用场景：工作上班场景
>
> 商品详情页文案：
>
> 展现你的自然魅力，轻松迎接工作与生活中的各种场合！XX 美妆经典系列口红，色号为自然裸色，完美融合了优雅与自信，让你在工作上班场景中展现出内外兼修的迷人魅力。
>
> 这支口红质地轻薄，涂抹时没有沉重感。自然的色调与肤色融为一体，呈现出裸妆效果，让你整日保持自然亮丽的妆容。它持久耐用、不易脱落，即使在忙碌的工作日也能维持妆容的完美状态。

XX 美妆经典系列口红，让你的嘴唇柔软滋润，散发出自然而迷人的光泽。无论是在工作中还是日常生活中，都能展现出你的自信，让你的每一次微笑都散发出自然的美丽。

【口红二】

品牌：YY 彩妆

系列：活力系列

色号：橘粉

使用场景：上课上学场景

商品详情页文案：

释放你的青春活力，展现俏皮可爱的魅力！YY 彩妆活力系列口红，色号为橘粉，给你带来一抹明亮而又富有张扬个性的色彩，让你在上课上学场景中展现俏皮可爱的形象。

这支口红质地柔软细腻，涂抹时轻盈不油腻，给你带来舒适的使用体验。橘粉的色彩浓郁鲜艳，可以给你的嘴唇注入一份青春的活力。它持久不脱落，即使在多姿多彩的校园生活中，也能保持妆容的稳定持久。

YY 彩妆活力系列口红，让你的嘴唇焕发出年轻活泼的光彩。无论是在校园里还是聚会中，都能让你成为人群中的焦点，展现出你独特的个性和俏皮可爱的魅力。

【口红三】

品牌：ZZ 美妆

系列：魅惑系列

色号：玫瑰红

使用场景：聚会约会场景

商品详情页文案：

释放你的魅力，散发出迷人的红色魅惑！ZZ 美妆魅惑系列口红，色号为玫瑰红，诠释了性感与高贵的完美结合，让你在聚会约会场景中散发出令人心驰神往的魅力。

这支口红质地丝滑，涂抹时顺滑舒适，给你带来奢华享受的使用体验。红色玫瑰的色调充满浓郁的情感和热情，让你的嘴唇焕发出诱人的光泽。它持久不脱落，即使在长时间的聚会约会中，也能保持妆容的持久亮丽。

ZZ 美妆魅惑系列口红，让你的魅力无法抗拒。无论是在热闹的派对中还是在浪漫的约会中，你都能成为众人瞩目的焦点，展现出你独特的魅力和迷人的气质，让你每一个时刻都充满激情和自信。

以上是三款口红针对特定使用场景、突出使用效果的商品详情页文案，旨在展示三款口红的特点，进而吸引目标用户群体。

（以上内容由 ChatGPT 生成，未改动）

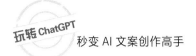

5.2 引导成单：利用 ChatGPT 创作"成单力"十足的商品详情页

5.2.1 挖掘商品的卖点与差异性

卖点是指商品相比于其他同类商品的独特优势和亮点，差异性是指商品与竞品的不同之处。

我们可以向 ChatGPT 提供市场趋势、目标客户群体需求等方面的信息，让 ChatGPT 生成新颖的描述，找到有创意的营销点和差异化的竞争优势。ChatGPT 可以生成定制化的详情页文案，帮助我们更好地把握市场机会，凸显商品的价值。

用户提问：

请帮我写一篇能突出柠檬水的差异化卖点的商品详情页文案。要求：突出本品牌柠檬水与竞品的差异性，可列举差异点。

ChatGPT 回答：

突出柠檬水差异化卖点的商品详情页文案如下。

欢迎来到奇妙的柠檬水世界！与市场中的众多品牌相比，我们的柠檬水具有以下独特之处，能让您获得全新的体验。

1.优质原料。我们的柠檬是从全球精选柠檬园采摘的新鲜有机柠檬，每一滴柠檬水都蕴含最纯正的柠檬味道和营养成分。与其他品牌使用浓缩汁或添加剂不同，我们坚持使用天然原料，让您享受到纯净、天然的柠檬水。

2. 独特口感。我们的柠檬水采用了精心调配的配方，既保留了柠檬的酸甜爽口，又增添了细腻的口感和清新的香气。相比于其他品牌的柠檬水，我们的柠檬水口感更加平衡、柔和，让您每一口都获得与众不同的舒爽体验。

3. 丰富营养。我们的柠檬水不仅仅是解渴饮料，更是一款富含维生素 C 和抗氧化物的健康饮品。我们精心挑选新鲜柠檬，将其中的营养成分完美保留，为您提供天然的维生素和强大的抗氧化能力。

4. 无添加剂。我们不使用人工色素、防腐剂和甜味剂等添加剂，确保您喝到的每一瓶柠檬水都是纯净的。我们追求自然与健康，让您享受无负担的美味。

5. 精美包装。我们注重产品的外观设计，采用高品质包装材料，为您呈现精致的柠檬水瓶，从外到内都是一场视觉盛宴。无论是自己享用还是送人，都能带来惊喜和享受。

这就是我们的柠檬水与其他品牌柠檬水的差异化卖点，我们承诺为您提供独特的口感、优质的原料和健康的选择。选择我们的柠檬水，让您的身心和味蕾都感受到别样的满足！

（以上内容由 ChatGPT 生成，未改动）

提问的关键在于帮助 ChatGPT 把握好主题，并站在提问者的角度思考和回答问题。

【怎么挖掘】

开放式的提问可以帮助 ChatGPT 进行发散性思考。例如，我们可以问"柠檬水这种饮品有哪些卖点和差异性可以挖掘"或"针对柠檬水的主要消费人群，可以强调哪些差异化卖点"。

具体式的提问可以帮助 ChatGPT 进行逻辑分析。例如，我们可以从背景信息的角度问"作为某柠檬水品牌的市场经理，我想了解如何从产品特色中找出独特的卖点和差异性"或"你现在是一家果茶店的店主，请帮我挖掘柠檬水的差异化卖点"。

5.2.2 利用 ChatGPT 创作商品详情页文案

要想让 ChatGPT 生成"成单力"十足的商品详情页文案，我们就要在提问中突出促销信息，让 ChatGPT 在回答中强调优惠、折扣、赠品等信息，以吸引消费者购买。

我们与 ChatGPT 交互时可以提出相关要求，如要求 ChatGPT 生成的内容包含优惠内容、促销理由、优惠获得方式等，这样才能得到促销效果更好的商品详情页文案。

用户提问：

某服装品牌正在进行换季促销，打折出售夏季短袖上衣，请写一篇促销商品详情页文案。

ChatGPT 回答：

夏日清凉狂欢！短袖大放价！

在夏日的热浪中，我们为您带来了一场超级惊喜的换季盛宴！无论是参加派对、度假还是享受休闲时光，这些清爽夏季短袖都是您的绝佳选择！现在，让我们带您感受别样的时尚潮流！

产品推荐

酷夏必备款：这些短袖是您度过炎炎夏季的必备单品！轻便的设计、独特的图案和鲜艳的色彩，让您在炎热的季节里焕发青春活力。

休闲时尚潮流：无论是逛街、约会还是与朋友相聚，这些短袖都能给你带来十足的自信和时尚感。舒适又有型的剪裁，让您在任何场合都能散发出与众不同的魅力。

促销活动

1.**打折优惠**：为了感谢广大顾客的支持，我们特别推出夏季短袖大促销活动！现在购买，享受超过 50% 的折扣！

2.**限时抢购**：优惠商品数量有限！如果您希望抢到心仪的款式和尺码，请尽快点击购买！

赶快抓住这个难得的机会！告别燥热，迎接轻松清凉的

夏日时尚！立即点击购买，尽情享受夏日的无限魅力！

（以上内容由 ChatGPT 生成，未改动）

我们可以向 ChatGPT 追问，通过提供折扣力度、促销时间、购买门槛等具体信息，让 ChatGPT 生成更符合要求的回答。我们提供的细节越多，ChatGPT 的回答越符合我们的要求。

【怎么吸引】

促销商品的详情页文案一定要有充足的吸引力，所以我们向 ChatGPT 追问时可以说明具体的折扣力度，如七折、五折、三折等，或者说明促销时间，如仅限当月或本周。

我们还可以说明参与促销活动的品牌、款式、颜色等，细节越详尽，ChatGPT 生成的回答的参考价值越高。

用户追问：

某服装品牌推出换季促销活动，五折销售男士POLO衫，活动时间仅限当月，请写一篇促销商品的详情页文案。要求：说明促销理由，解释优惠规则，介绍参与活动的具体方式。

ChatGPT 回答：

夏季疯狂五折促销！男士 POLO 衫限时特惠！

尊敬的顾客，欢迎参与我们的夏季换季大促销活动！现在，××品牌的男士 POLO 衫以低至五折的优惠，为您打造时尚夏日穿搭！此优惠仅限本月，千万不要错过这个机会！

促销理由

1. 清仓换季。马上就要换季了，我们决定清除库存，为您提供超低折扣，让您以超级实惠的价格买到品质精良的夏季短袖。

2. 时尚必备。夏季短袖是舒适、轻盈和时尚的代表。本次促销可以让您以更加优惠的价格拥有多款时尚短袖，让您在展现个人风格的同时感受夏日的清凉。

优惠规则

促销活动期间，所有男士 POLO 衫均享受五折优惠。无论是基础款还是印花款，都适用于此优惠。

参与活动的具体方式

1. 浏览商品。在页面中浏览夏季短袖系列商品，有多种款式供您选择。

2. 选择心仪商品。选择您喜欢的款式、颜色和尺码，将商品加入购物车。

3. 输入优惠码。结算时在优惠码文本框输入特定的优惠码，享受折扣。

4. 确认订单。检查订单信息，确保准确无误后提交订单。

5. 付款完成。选择合适的付款方式，完成支付。

6. 物流配送。我们会提供快速可靠的物流服务，确保您尽早收到心仪的夏季短袖。

请注意，参加本次促销活动的商品数量有限，请抓住机会，尽快选购您喜欢的款式。如果您有任何问题，请随时联系我们的客服。

（以上内容由 ChatGPT 生成，未改动）

5.2.3　利用 ChatGPT 增强商品详情页的表达精准性

要想增强商品详情页的表达精准性，一定要用简洁明了的语言，清晰、准确地传达商品的特点、功能和优势，解答消费者的问题，消除其疑虑。

我们可以在提问中添加关于商品特点、功能和优势的信息，让 ChatGPT 帮助我们选择恰当的词汇和句子结构，更加精准地描述商品，使生成的文案能够满足消费者的情感诉求。

用户提问：

请帮我写一篇关于枸杞的商品详情页文案。要求：描述简洁、准确，突出营养元素丰富、有益于健康等优势。

ChatGPT 回答：

名称：红枸杞

产地：×××

净含量：500 克

产品简介：

红枸杞是一种独特的农产品，以丰富的营养元素、有益于健康而闻名。它生长在阳光充足、空气清新的高原地区，经过精心采摘、晒干制成红枸杞，保留了天然的色泽和营养价值。每一颗红枸杞都蕴含了大自然的滋养和关爱。

主要营养元素：

红枸杞富含多种维生素、矿物质和营养元素，包括维生素 C、维生素 E、维生素 B 族、锌、铁、硒、胡萝卜素等。这些营养元素都是人体所需的，能有效增强人体的免疫力。

健康优势：

1. 抗氧化。红枸杞中的多种抗氧化物质能够清除体内自由基，延缓细胞老化，在一定程度上可以抑制疾病的发生。

2. 提高免疫力。丰富的维生素 C 和其他营养元素有助于增强人体的免疫功能，预防感冒、感染等常见疾病。

3. 保护视力。红枸杞含有丰富的维生素 A 和胡萝卜素，有助于保护眼睛健康，减少眼睛疲劳，缓解视力衰退。

4. 改善睡眠。红枸杞中的特殊营养成分能够调节神经系统，改善睡眠质量，缓解失眠和焦虑。

5. 增强体力。红枸杞对增强体力和改善体能有显著的效果，是运动员和体力劳动者的理想选择。

使用方法：

红枸杞可以直接食用，也可以泡水或加入各种饮品或糕点。建议每日适量食用，坚持长期食用效果更佳。

注意事项：

1. 孕妇、哺乳期妇女、糖尿病患者等特殊人群在使用前请咨询医生。

2. 开封后请密封保存，避免潮湿和阳光直射。

购买红枸杞，选择健康，选择品质，让您的生活更美好！

（以上内容由 ChatGPT 生成，未改动）

向 ChatGPT 提问时一定要保证关键词的精准性。一是描述要精准，可以添加场景、情景、案例等；二是数据要精准，可以添加产品成分、尺码尺寸数据、检验报告等。

【怎么说服】

我们可以从优化关键词的角度向 ChatGPT 提问。例如，我们

可以在提问中添加红枸杞的价格、产地、生产工艺等信息，要求
ChatGPT 在指定范围内回答。

　　如果我们有特定的要求，可以在提问中添加产品特有的属性，
以便 ChatGPT 做出更精准的回答。例如，我们可以在提问中添加
红枸杞的有机认证情况、检测报告、成分数据等信息。

第 6 章

直播带货文案：帮你快速涨粉涨收益

6.1　创作直播带货文案的三个步骤

6.1.1　深挖观众的痛点和需求

在直播带货的过程中，深入了解观众的痛点和需求非常关键。只有准确把握观众的心理诉求，我们才能提供符合他们期望的产品介绍和带货文案。

为了做到这一点，我们需要通过多种方式与目标受众互动，了解他们的担忧和期待。

我们可以让 ChatGPT 模仿目标受众的语言风格，生成更符合他们喜好的回答。通过数据分析、市场调研和用户反馈，ChatGPT 可以获取更多关于目标受众的信息，从而更好地理解他们的购买动机和偏好。

用户提问：

> 某美妆品牌直播间正在销售一款新化妆刷，主播为筹备新品直播已经五天没有上播了。为了避免再次开播时冷场，请写一篇深挖观众对化妆刷需求的直播带货文案。要求：文案内容要突出观众的痛点和新品的优势，可适当使用演示和对比。

ChatGPT 回答：

亲爱的美妆爱好者，大家好！非常抱歉让大家久等了，我是 ×× 直播间的主播，今天给大家带来了一款备受期待的全新化妆刷！在这五天里，我们一直在为这个新品做准备，真的非常激动能与大家分享。

你是否也有这样的困扰？化妆时总是不能达到完美的效果，底妆不均匀、眼影晕开、腮红涂抹不均……我们深知每位美妆爱好者都追求完美妆容，因此选一把合适的化妆刷非常重要！我们特别研发了这款全新化妆刷，只为解决你的烦恼！

现在，让我们来看看这款化妆刷的独特之处。首先，它采用了先进的材质，刷毛的柔软度和舒适度都非常高，而且适用于各类彩妆产品。无论是粉底液、腮红还是眼影，只需轻轻一扫，即可轻松打造出自然无瑕的妆容。

此外，这款化妆刷还拥有专利刷柄，符合人体工程学原理，握持更舒适稳定。无论你是化妆新手还是老手，都可以轻松驾驭它。

与市面上的其他化妆刷相比，我们的新品有一个明显优势——多功能。这把化妆刷有两组刷毛，一面适合液体和霜状产品，另一面则适合粉状产品。通过简单翻转，你就能轻松满足各种彩妆需要，不再需要购买多把化妆刷。

现在，让我们来进行一次演示，展示这款化妆刷的真正实力！你可以看到，它精准地扫过脸颊，粉底液完美贴合肌肤；眼影颜色层次分明，不会出现晕染的问题；刷上腮红后，妆容自然立体。这不仅能让你的妆容更加出众，还能节省你的时间和精力。

无论你追求轻妆自然还是喜欢浓妆艳抹，这款化妆刷都能满足你的需求。拥有一把能够完美呈现你个人风格的化妆刷，从此告别化妆难题！

如果你也期待着一把能解决各种化妆问题的神奇刷子，就不要错过这次机会！点击下方链接或在评论区留言，我们将为你提供专属优惠，并赠送限量礼品。

让我们一起迎接美妆新境界，因为这款全新化妆刷值得你的热切期待！感谢大家的支持与关注，我们将竭诚为您服务！

（以上内容由 ChatGPT 生成，未改动）

【怎么表达】

我们向 ChatGPT 提问时必须突出重点，指明我们希望深入挖掘的目标受众的痛点和需求。

我们向 ChatGPT 追问时，指向性可以更明确。例如，我们可以问"如何通过直播文案准确抓住目标受众的痛点和需求"或"有什么方法可以找出目标受众最关心的问题并有针对性地解答"，引导 ChatGPT 提供具体、有针对性的建议，生成更符合我们要求

的回答。

上述回答针对直播带货这一情境，介绍了新化妆刷的特点，并通过演示强调了这款化妆刷的优势，旨在引起观众的兴趣并激发其购买意愿。

然而，该回答并没有体现用户反馈或市场调研信息。因此，在追问时，我们可以要求 ChatGPT 结合调研数据、用户反馈或具体案例，深入了解目标受众的痛点和需求，更精准地撰写直播文案，并增加更多的个性化元素。

6.1.2　激发观众的购买意愿

ChatGPT 可以帮助直播带货人员撰写更吸引人的文案，通过引人入胜的语言有效地激发目标受众的购买意愿，从而提高销售转化率。

某手机品牌在秋季推出了新款拍照型手机，我们该如何让 ChatGPT 帮助我们写直播带货文案，才能让该款手机在竞争激烈的市场脱颖而出，从而达成秋季销售目标呢？

用户提问：

最新款手机是第七代拍照型手机，能够清晰记录人像，而且有防抖功能。请为这款全新升级的主打拍照功能的手机写一段能够激发观众购买意愿的直播带货文案。

ChatGPT 回答：

全新升级！第七代拍照手机，颠覆你对手机摄影的认知！

想要记录清晰鲜活的瞬间吗？想要拍出震撼大片吗？这款全新升级的拍照手机是你的不二选择！

卓越拍照能力让每个瞬间都成为绝美回忆！ 无论日常生活还是重要时刻，这款手机都能凭借出色的拍照功能带给你前所未有的视觉盛宴。高清镜头捕捉每一个精彩细节，让你的照片更加饱满生动。

人像清晰记录让每个笑容都更加闪耀！ 在全新技术的驱动下，这款手机能够清晰记录人像，让每个表情都栩栩如生。从此，你的相册将变成一个个活生生的故事，让每一个瞬间都值得深深怀念。

震撼防抖功能让每个画面稳如磐石！ 别再为模糊照片而苦恼了！这款手机配备的先进防抖技术能够消除手部晃动，使你的每一张照片都更加清晰。无论运动场景还是低光环境，每一帧都能保持稳定、清晰。

定制化拍摄模式满足你的各种需求！ 多种拍摄模式供你选择，轻松拍出你想要的效果。从肖像模式到风景模式，从夜间模式到逆光模式，这款手机一应俱全，让你成为真正的摄影大师！

超强性能带你畅享流畅体验！ 除了卓越的拍照能力，这款手机还拥有强劲的处理器和大容量存储空间，让你的手机运行更加高效顺畅。无论玩游戏、看电影还是多任务处理，统统不在话下！

请别错过这款引领拍照新潮流的手机！点击链接即可购买，让你的每个瞬间都焕发出绝美光彩！抓紧时间，与我们一起踏上拍照的奇妙旅程吧！

（以上内容由 ChatGPT 生成，未改动）

ChatGPT 生成的文案强调了该款手机的六大卖点，介绍了相关细节，以激发目标受众的兴趣和购买意愿。

在向 ChatGPT 提问时，我们要尽可能提供关于产品真实性能、数据指标、关键优势的内容，帮助其生成更好的回答。

【怎么打动】

我们向 ChatGPT 提问时可以描述具体的问题，例如，讲述一个与产品相关的真实或虚构的故事，加强情感共鸣，以此打动观众，激发其购买意愿。

优化用户提问：

最新款手机是第七代拍照型手机，能够清晰记录人像，而且有防抖功能，请为这款全新升级的主打拍照功能的手机写一篇能够打动观众、激发其购买意愿的直播带货文案，而且要包含一个小故事。

ChatGPT 回答：

珍贵的回忆，爱与光永不消失

深秋的阳光洒在小城中一个温馨的院子里，院子里面住着一位年过七旬的老爷爷。他与孙女形影不离，两人之间有着浓浓的亲情。

然而，老爷爷的手抖问题逐渐影响了他记录与孙女共同度过的美好时光。每当他想捕捉孙女天真灿烂的笑容或静谧专注的读书姿态时，却总是无法拍摄出清晰的照片。这让他备感失望，他迫切希望能够给孙女留下美好的回忆。

一次偶然的机会，老爷爷听说一款全新升级的拍照手机上市了，它有强大的防抖功能，拍出的人像更加清晰。这个消息点燃了他心中的希望，他决定为了给孙女留下美好的回忆而尝试一下。

当老爷爷第一次使用这部全新升级的拍照手机时，他被它的功能和性能所深深震撼。即使手抖，照片依然清晰明亮。老爷爷的双眼湿润了，他终于找到了记录孙女成长的利器。

从那天开始，老爷爷用这部手机记录下了孙女的无数个美好瞬间。无论是她灿烂的笑容、在阳光下的影子，还是她专注读书的样子，很多美好的瞬间都被镜头记录下来。这些照片成了他们祖孙情缘中最珍贵的财富，让他们共同感受到了爱与光的永恒存在。

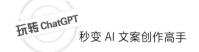

每当他们一起回忆过去，欣赏这些动人的照片时，他们的心都被深深触动。这款全新升级的拍照手机不仅帮助老爷爷轻松记录美好的瞬间，更让他们感受到了时间的流逝和生命的可贵。

如果你也希望像老爷爷一样记录与家人在一起的珍贵时刻，这款第七代全新升级的拍照手机将为你提供更加完美的解决方案。

它具备出色的防抖功能，让你无论手抖与否，都能轻松拍出清晰锐利的人像照片。现在就点击链接，和我们一同记录属于你和家人的美好回忆！

（文中故事为虚构，请根据实际情况修改和使用。）

（以上内容由 ChatGPT 生成，未改动）

加入具体案例或故事可以让直播带货文案更加打动人心，我们可以利用这个技巧让 ChatGPT 生成更富有情感色彩的文案。

6.1.3 制造紧迫感并刺激购买

直播带货是一种快速吸引和留住消费者的营销方式，往往需要让消费者在短时间内做出购买决定。ChatGPT 可以帮助我们根据不同的场景和目的，根据目标客户群体和市场分析，生成更符合消费者需求和喜好的文案，让文案看起来更专业、更有说服力。

用户提问：

请帮某特卖零食直播间写一篇能够制造紧迫感并激发观众购买意愿的直播带货文案。

ChatGPT 回答：

您好，欢迎来到 ×× 特卖零食直播间，我是主播小 A。

今天我为大家准备了很多超级美味又超级划算的零食，让您在家里也能享受到各种口味的零食。不过，亲们要注意了，这些零食都是限量限时的，错过了就没有了，所以您一定要抓紧时间下单哦！

让我们先来看看这款薯片，这是一款非常受欢迎的休闲零食。薯片薄而脆，口感酥香，有多种口味可供选择，包括原味、番茄、奶油、海苔、烧烤、酸奶等，每一种都让人垂涎欲滴。

这款薯片的原价是 9.9 元一袋，但是今天在我们的直播间，您只需要 6.6 元就可以买到一袋，而且还可以享受满 3 件 9 折、满 5 件 8.5 折、满 10 件 8 折的优惠。这样算下来，买一袋薯片最低只要 5.28 元，简直是白菜价！

而且，这款薯片的库存只有 1000 袋，已经有 800 多人下单了，您还在等什么呢？赶紧抢购吧！

再来看看这款巧克力，这是一款非常适合当作礼品的高档零食。它选用了比利时进口的优质可可豆，制作工艺精湛，口感细腻，甜而不腻，而且有多种形状和花纹可供选择，包括心形、星形、花形、字母形等，每一块都是一件艺术品。

这款巧克力的原价是99元一盒，但是今天在我们的直播间，您只需要66元就可以买到一盒，而且还可以享受满2盒9.5折、满3盒9折、满5盒8.5折的优惠。这样算下来，您买一盒巧克力最低只要56.55元，简直是超值！

这款巧克力的库存只有500盒，已经有400多人下单了，您还在犹豫什么呢？赶紧下单吧！

最后，让我们来看看这款饼干，这是一款非常适合早餐或下午茶的健康零食。它选用了全麦面粉、燕麦、坚果、蔓越莓等天然食材，无添加剂、无防腐剂，营养丰富，口感松软，有多种口味可供选择，包括原味、奶油、芝士、巧克力、草莓等，每一种都让人回味无穷。

这款饼干的原价是19.9元一盒，但是今天在我们的直播间，您只需要9.9元就可以买到一盒，而且还可以享受满5盒9.5折、满10盒9折、满20盒8.5折的优惠。这样算下来，您买一盒饼干最低只要8.41元，简直是超便宜！

这款饼干的库存只有2000盒，已经有1500多人下单了，您还不快行动吗？赶紧抢购吧！

亲们，这些零食都是今天的特价商品，只有在我们的直播间才有这么优惠的价格，而且数量有限，售完即止。您千万不要错过这个机会，赶紧下单吧！

如果您有任何问题，欢迎在评论区留言，我们会及时回复！

（以上内容由 ChatGPT 生成，未改动）

ChatGPT 在直播文案中分析了特卖零食的产品属性，并利用限时限量抢购、"倒计时"和从众心理制造了紧迫感以刺激观众购买。

【怎么选择】

我们向 ChatGPT 提问和追问时，要多提供关于产品属性和特点的信息，描述直播间目标受众的需求和喜好及主播的个人风格，这样才能生成更符合要求的文案。

例如，如果在节假日或周末直播，我们可以要求 ChatGPT 在文案中营造热闹和欢乐的氛围；如果在工作日直播，我们可以要求 ChatGPT 在文案中营造温馨和谐的气氛；如果是高端商品，就要强调专业、高雅；如果是平价商品，就要强调幽默、轻松。

6.2 业绩倍增：利用 ChatGPT 创作能让业绩倍增的直播带货文案

6.2.1 确定直播产品的核心卖点

产品的核心卖点是指产品相对于竞品的独特优势，这些卖点可以吸引目标客户的注意力，激发他们的购买意愿。

提炼产品的核心卖点是直播带货的关键之一，主播只有更充分地展示产品的特色和价值，才能让观众信服并快速做出购买决定。

我们向 ChatGPT 提问时可以提供产品的相关信息，如功能、优点、评价、竞品等，让 ChatGPT 分析这些信息，找出产品的独特之处。

用户提问：

> 帮我写一篇能够体现牛奶核心卖点的直播带货文案，要求：采用直播带货文案风格，提炼出产品的核心卖点和优势。

ChatGPT 回答：

> 首先，这款牛奶是 100% 纯牛奶，没有添加水、糖、防

腐剂或其他添加剂，保证了牛奶的纯正和营养，让您喝得放心、喝得健康。

您可以看看第一页，它介绍了牛奶的营养成分和功效，如蛋白质、钙、维生素和矿物质，可以增强免疫力、促进骨骼发育、改善睡眠等。

其次，这款牛奶是新鲜直供的，优质的奶牛场每天收集鲜奶，经过严格的检测和消毒，然后快速运送到您的手中，保证了牛奶的新鲜和安全，让您喝得舒心、喝得美味。

您可以看看第二页，它展示了我们奶牛场的环境和设施，以及奶牛的品种和饲养方式，都是符合国际标准的，您可以放心。

最后，这款牛奶现在推出超值优惠，原价 9.9 元一瓶，但是今天在我们的直播间，您只需要 6.6 元就可以买到一瓶，而且还可以享受满 3 瓶 9 折、满 5 瓶 8.5 折、满 10 瓶 8 折的优惠。

这样算下来，您买一瓶牛奶最低只要 5.28 元，简直是白菜价！这款牛奶的库存只有 10000 瓶，已经有 8000 多人下单了，您还在等什么呢？赶紧抢购吧！

（以上内容由 ChatGPT 生成，未改动）

【怎么定位】

我们向 ChatGPT 提问时，可以要求它在生成的文案中体现产

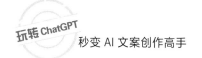

品的名称、类别、功能、优势等，明确产品的定位。

我们可以按照一定的逻辑或顺序组织问题，向 ChatGPT 追问，如"你认为牛奶产品的核心卖点除了无添加剂和新鲜直供还有什么""你提到的新鲜直供这一核心卖点如何用更好的广告语在直播间里呈现"，让 ChatGPT 生成的回答更好地体现产品的核心卖点和优势。

6.2.2　利用 ChatGPT 创作暖场文案

暖场文案主要用于直播开场，其作用是吸引观众的注意力，提升直播间的人气，增强与观众的互动，促进销售转化。

我们可以向 ChatGPT 说明想要使用的文案风格，如正式、随意、幽默、亲切等，让 ChatGPT 根据这些标签生成于使用场景匹配的文案。

用户提问：

　　主播第一次做农家鸡蛋的直播，请以提问互动的风格写一篇暖场文案。

ChatGPT 回答：

　　欢迎来到我的直播间，我是你们的主播小美。今天是我第一次做农家鸡蛋的直播，我非常激动和紧张，非常感谢你们的支持和陪伴！

我想问你们一些问题，你们平时吃鸡蛋吗？你们喜欢什么样的鸡蛋呢？是白壳的还是棕壳的？是圆的还是尖的？是大的还是小的？

你们知道吗？鸡蛋的外表其实与它的内在没有太大的关系，真正决定鸡蛋品质和口感的是它的来源，也就是鸡的生活环境和饮食。

所以，今天我给大家带来的不是普通鸡蛋，而是农家鸡蛋，它们是由放养在自然环境中的鸡产下的。它们的饲料是天然的谷物、青草、虫子等，没有添加激素、抗生素或其他化学物质。这样的鸡蛋，不仅营养丰富，而且味道非常鲜美。蛋黄颜色更深，蛋液更香滑。

你们可以用农家鸡蛋来做各种美味的菜肴，炒饭、炒菜、煎蛋、煮蛋、蒸蛋、炖汤都可以，都能让你的餐桌上增添一道色香味俱全的佳肴。

我相信你们一定对农家鸡蛋很感兴趣，想知道它们的价格、规格、产地，别着急，我马上就会告诉你们。但是，在此之前，我想先和你们玩一个小游戏，你们说好不好？

游戏的规则是这样的，我会在点赞量达到 5 万、10 万、15 万、20 万的时候分别抽取一位幸运观众，送出一盒鸡蛋，大家一定要积极地点赞互动哟！

你们准备好了吗？快在评论区告诉我你们想参加这个游

戏吗？如果你们想参加，就在评论区留下你们的昵称，我会随机抽取一位幸运的观众，赠送一盒农家鸡蛋。你们还等什么呢？赶快行动吧！

同时，也请你们多多点赞、分享、关注，支持一下我们直播间，谢谢大家！

（以上内容由 ChatGPT 生成，未改动）

【怎么表达】

暖场文案一定要调动观众的热情和兴趣，增强他们参与互动和购买的意愿。我们可以向 ChatGPT 提供细节信息，要求 ChatGPT 在生成的文案中包含问候观众、赞美昵称、互动奖励等内容。

我们要学会利用限制条件让 ChatGPT 生成的文案使用我们喜欢的开场风格，例如，我们可以向 ChatGPT 描述自己是第一次做直播或因为特殊活动开播，或者限定"新品发布暖场"这一具体场景。

用户追问：

主播第一次做农家鸡蛋的直播，开场时先问候观众，与观众互动，请据此生成一场暖场文案。

ChatGPT 回答：

　　欢迎来到我的直播间，我是你们的主播小美。今天是我第一次做农家鸡蛋的直播，我非常激动和紧张，非常感谢你们的支持和陪伴！

　　我想问你们一些问题，你们平时吃鸡蛋吗？你们喜欢什么样的鸡蛋呢？是白壳的还是棕壳的？是圆的还是尖的？是大的还是小的？

　　你们知道吗？鸡蛋的外表其实与它的内在没有太大的关系，真正决定鸡蛋品质和口感的是它的来源，也就是鸡的生活环境和饮食。

　　所以，今天我给大家带来的不是普通鸡蛋，而是农家鸡蛋。它们是由放养在自然环境中的鸡产下的，它们的饲料是天然的谷物、青草、虫子等，没有添加激素、抗生素或其他化学物质。这样的鸡蛋，不仅营养丰富，而且味道非常鲜美，它们的蛋黄颜色更深，蛋液更香滑。

　　你们可以用农家鸡蛋做各种美味的菜肴、炒饭、炒菜、煎蛋、煮蛋、蒸蛋、炖汤都可以，都能让你的餐桌上增添一道色香味俱全的佳肴。

　　我相信你们一定对农家鸡蛋很感兴趣，想知道它们的价格、规格、产地，别着急，我马上就会告诉你们。但是，在此之前，我想先和你们玩一个小游戏，你们说好不好？

　　游戏的规则是这样的，我会在点赞量达到 5 万、10 万、

15 万、20 万的时候分别抽取一位幸运观众，送出一盒鸡蛋，大家一定要积极地点赞互动哟！

你们准备好了吗？快在评论区告诉我，你们想参加这个游戏吗？如果你们想参加，就在评论区留下你们的昵称，我会随机抽取一位幸运观众，赠送一盒农家鸡蛋。你们还等什么呢？赶快行动吧！

同时，也请大家多多点赞、分享、关注，支持一下我们直播间，谢谢大家！

（以上内容由 ChatGPT 生成，未改动）

6.2.3　利用 ChatGPT 提高直播带货文案的转化率

要想提升直播带货文案的转化率，就要通过直播带货文案准确地传达产品的特点、优势和价值，激发观众的购买意愿，促使观众快速做出决策。

ChatGPT 可以帮助我们优化文案，提升文案的流畅度、逻辑性，强化情感传达，进而提升直播带货的转化率。

用户提问：

作为国货老品牌的 ×× 品牌最近推出了一款卸妆水，新品上市一个月了，但转化率一直不高，请针对这款卸妆水写一篇能够提高转化率的直播带货文案。

ChatGPT 回答：

当然，我可以为您写一篇直播带货文案，帮助您提升转化率。以下是一个示例。

大家好！我是 ×× 品牌的主播，今天非常开心向大家介绍我们全新上市的卸妆水！

这款卸妆水是由 ×× 品牌倾力打造的，经过了多年的研发，专门为您的肌肤需求而设计。无论是日常淡妆还是浓妆，这款卸妆水都能轻松解决您的卸妆困扰。

让我来介绍它的几个亮点吧！首先，我们选取了天然植物提取物作为主要成分，不添加任何刺激性物质，温和、不刺激肌肤。其次，它采用独特的水油分离配方，能够迅速溶解彩妆和污垢，让您的肌肤清爽干净，同时保持肌肤水油平衡。

更重要的是，这款卸妆水具有补水保湿的功效，它不仅可以高效地卸妆，还能滋养肌肤，给予肌肤持久水润，让你告别干燥紧绷的感觉，焕发肌肤的光彩。

我亲自试用了这款卸妆水，感觉真是太惊艳了！它的清爽质地让卸妆过程变得如丝般顺滑，而且不会产生任何油腻感。使用后，我的肌肤变得更柔软光滑，焕发出自然的健康光泽，简直让我爱不释手！

现在，我们推出了限时优惠活动！只要在本直播间购买，您就可以享受 8 折优惠哦！对于喜爱 ×× 品牌和关注

肌肤健康的朋友们来说，这是一个难得的机会！

如果您对这款卸妆水有任何疑问或者想要了解更多信息，可以给我们留言，我会第一时间回复！快来抓住这个机会吧！

以上就是我为您准备的直播带货文案示例，希望能帮助您提升转化率。请记得根据实际情况进行修改和优化。祝您的直播活动取得成功！

（以上内容由 ChatGPT 生成，未改动）

【怎么挖掘】

ChatGPT 生成的文案介绍了卸妆水的优势、特点及主播试用案例、优惠活动等。为了通过直播带货文案提高转化率，我们在提问时要注意以下几个方面。

（1）分析产品的目标受众和目标市场，针对不同的受众和地区，要求 ChatGPT 制定不同的策略和推广计划。

（2）选择适合该品牌和产品的直播平台，要求 ChatGPT 结合平台特点生成不同的方案。

（3）提供品牌评价和产品认证信息，要求 ChatGPT 在生成的文案中包含品牌对比、展示成分等内容。

用户追问：

作为国货老品牌的 ×× 品牌最近推出了一款卸妆水，主要目标用户是爱美、经常化彩妆、拥有敏感肌肤的女性用户，请针对这款卸妆水写一篇能够提升转化率的直播带货文案，而且要包含对比和效果演示的内容。

ChatGPT 回答：

亲爱的各位美妆达人，大家好！我是您最亲密的美妆顾问小助手。今天，我非常激动地向大家介绍一款备受期待的新品——×× 品牌卸妆水！这是一款专为爱美、经常化彩妆、拥有敏感肌肤的女性用户打造的新品！

无论你是热爱化妆的美妆达人，还是被敏感肌肤问题困扰已久的美丽女王，这款卸妆水都能为你带来超凡的卸妆体验。让我们一起来探索它的神奇之处吧！

首先，让我来给大家进行一次对比演示。看到我手上色彩缤纷的彩妆了吗？现在，只需轻轻涂抹 ×× 卸妆水，你就会看到眼影、唇彩、粉底等彩妆瞬间溶解，不必担心残留物或刺激肌肤。

别担心，即使你是敏感肌肤，我们的卸妆水依然温和而有效。让我带你感受一下，看到了吗？在我的手背上，你可以明显看到卸妆水迅速地去除彩妆，无需过度摩擦。这绝对是敏感肌肤女性的福音！

现在，让我们进入效果演示环节。请看模特，她面部化着浓妆，肌肤十分敏感。现在，我们将使用 ×× 卸妆水给她进行卸妆。瞧！彩妆如此轻松地被去除，留下了清新、洁净、呼吸自由的肌肤！

值得一提的是，×× 品牌一直秉承国货老品牌的精神，注重产品的安全性和质量，坚持选用天然成分，保证每一位用户都能获得舒适感受和良好的护肤效果。

最后，这款卸妆水的功效不止于此！它还具备补水保湿、舒缓肌肤、改善肤色等多重功效，帮助你打造完美无瑕的肌肤。

亲爱的美妆达人，你是否被这款 ×× 品牌卸妆水所吸引呢？赶紧点击购买链接，让它成为你美妆护肤品中的首选吧！别忘了，在本直播间还有各种福利和优惠等着大家哦！

感谢大家一直以来对 ×× 品牌的支持，让我们一起踏上追求美丽健康肌肤之旅！谢谢大家！

注：以上文案仅供参考，请根据产品特点和目标受众进行调整。

（以上内容由 ChatGPT 生成，未改动）

第 7 章

个性化自媒体文案：让你的

个人 IP 绽放魅力

7.1　个性化自媒体文案创作的"三个必须"

7.1.1　必须彰显个性与魅力

在自媒体时代，个性化的写作风格是提升自媒体竞争力的关键之一，这种风格能够增强文章的可读性，更有效地吸引读者的注意力、激发读者的兴趣、建立品牌形象、提高转化率等。

用户提问：

> 我是一名小有人气的美妆博主，主要在微博分享美妆知识。最近我接了一个推广口红的任务，这款口红是该品牌的秋冬新款，颜色是棕红色，请帮我写一篇能够彰显个性和魅力的自媒体文案。

ChatGPT 回答：

> 霸气棕红，唇色新潮流——做最独特的自己
>
> 秋冬新款口红，为你的双唇换上新装！今天我要给大家推荐的是一款极具个性、魅力和时尚感的秋冬口红，它可以让你在人群中独树一帜，成为绝对的焦点！
>
> 这款口红无论是在色调上还是在质感上，都呈现出强烈的时尚感和个性。棕红色的口红，结合了红色和棕色，既展现了棕色的低调优雅，又融合了红色的热情与活力，成为一

种新的潮流色。把它涂抹在双唇上，瞬间释放出独特的魅力，让你的笑容更加亮眼。

同时，这款口红的质地非常滋润，就像给你的双唇涂抹一层保护膜，让你的嘴唇长时间保持水润。即使在干燥的秋冬季节，也能让你的双唇保持娇嫩，不会出现干燥、脱皮的情况哦。

如果你想展现自己独特的个性和魅力，那么这款棕红色口红绝对是你的不二之选！它能让你的妆容焕发出新的光彩，展现出你独特的个性。无论是在日常生活中还是在派对、约会等特殊场合，这款口红都能让你成为人群中的焦点！

#秋冬色彩#棕红色#自信魅力#属于我的口红

记得在微博上分享你的美妆技巧和这款口红的使用心得，让更多人也能感受到这款口红的魅力！

（以上内容由 ChatGPT 生成，未改动）

ChatGPT 生成的文案清晰地描述了这款口红的特点和用途，以及推荐给读者的理由，具有很强的吸引力，能够让读者对这款口红产生浓厚的兴趣。

【怎么展现】

当撰写一篇意在彰显个人特色的自媒体文案时，我们最好从以下几个方面着手，将自己的个性和独特魅力融入其中。

（1）**以真实的声音倾诉**。在创作过程中，我们要尝试找到自己的独特之处，透过自己的经历、兴趣、工作等，挖掘那些触动人心的话题，让文案展现真实的自我。

（2）**讲述属于你的故事**。故事是连接人与人的桥梁，我们可以根据自己的经历、感悟、见闻等讲一些生动的、打动人心的小故事，这不仅能让文案变得更加生动有趣，还能让目标受众更深入地了解我们的价值观和生活态度。

（3）**了解并触动目标受众**。在动笔之前，尝试了解目标受众，包括他们的兴趣、需求、痛点等。我们可以分析他们在社交媒体上的行为模式和反馈。充分了解受众能让我们创作的文案更符合他们的口味，更有效地引起他们的共鸣。

（4）**运用个性化的语言**。个性化的语言能让文案变得生动有趣，充分展现我们的个性和魅力。在写作过程中，不妨尝试运用比喻、拟人、幽默等手法，为文案增添一抹独特的色彩。

（5）**敢于尝试与创新**。勇敢地尝试新的写作方式、主题和形式，只有不断地尝试和创新，才能找到最适合自己的文案风格。创新能帮助我们从众多自媒体中脱颖而出。

用户提问：

> 我觉得这篇文案太普通了，请适当地加入一些修辞手法，让文案变得更加生动、个性化。

ChatGPT 回答：

唇色新潮，燃爆秋冬——做最独一无二的你

秋冬新款口红，揭开全新篇章！今天，我要推翻传统，带来一款燃爆个性和时尚的秋冬口红，让你在人群中独领风骚，成为聚光灯下的焦点！

这款口红犹如一位时尚界的叛逆者，从色调到质感，都散发出与众不同的魅力。它主打棕红色，游走在红色与棕色之间，既展示了棕色的低调优雅，又凸显了红色的热情与活力。这种前所未有的色彩组合，就如同你独特的个性，让人眼前一亮，过目难忘。

把它涂抹在双唇上，它的质地如丝绸般滑顺，宛如给双唇披上一层保护的外衣。即使在干燥的秋冬季节，它也能让你的双唇保持水润，让美丽不再受环境束缚。

想展现自己独一无二的个性和魅力？这款棕红色口红就是你的最佳伙伴！它能使你的妆容焕发出前所未有的光彩，呈现出你独特的魅力。无论是日常交际还是在派对、约会等场合，这款口红都能让你成为绝对的焦点！

#秋冬色彩#棕红色#自信魅力#属于我的口红

在微博上分享你的美妆秘诀和这款口红的使用心得吧，让我们一起点燃这个秋冬的激情！

（以上内容由 ChatGPT 生成，未改动）

7.1.2　必须提升体验感和传播力

ChatGPT 具有强大的文案构思能力、良好的语境理解能力、灵活的语言风格调整能力，它可以帮助自媒体工作者轻松地提升文案的体验感和传播力。

用户提问：

> 学习编程，获得无限可能！
>
> 编程已经成为现代社会的一项重要技能。它可以帮助你在职场中获得成功，给你带来新的机会。无论你是一名学生，还是一名职场人士，学习编程都将为你带来长远的利益。
>
> 我们将为你提供全面的学习资源，从基础知识到高级应用，从理论学习到实践项目，涵盖了各种编程语言和工具。无论你是初学者还是有一定编程经验的人士，我们都有合适的课程和项目供你选择……（后文略）
>
> 请帮我提升这篇文案的体验感和传播力。

ChatGPT 回答：

> 好的，以下是一篇完整的、可能具有较好体验感和传播力的文案。
>
> 这个夏天，让编程成为你的超能力！

每个夏天，我们看了无数的电影，吃了无数的冰激凌。但你有没有想过，这个夏天，你可以让编程成为你的超能力？

编程，不仅是写在简历上的一种技能，更是一种力量，一种可以改变世界、改变生活、改变自己的力量。你可以用代码解决日常生活中的问题，提高工作效率，改善生活质量。当你看到你的代码变成一个可以与他人互动的应用程序、一个可以帮助别人的网站或者一个可以给所有人带来便利的软件时，你会发现编程的无限可能和乐趣。

不用担心没有基础，不用担心不会写代码。我们有专门的入门课程，从零开始，让你轻松掌握编程的基础知识和技能。我们会提供丰富的实践项目和案例，让你在实践中学习和成长。同时，我们也鼓励你与他人交流、分享和合作，通过互相帮助和学习，更快地提升自己的编程能力。

今天，就加入我们，开启你的编程之旅吧！让我们一起学习、一起成长、一起创造无限可能。这个夏天，让编程成为你的超能力！

如果你有任何问题或建议，欢迎随时与我们联系。我们期待着与你一起探索编程的奇妙世界。

（以上内容由 ChatGPT 生成，未改动）

ChatGPT 生成的文案通过引发情感共鸣的方式吸引了读者的

注意力，提供了读者感兴趣的信息和资源，还鼓励读者分享，从而提升了文案的体验感和传播力。

【怎么吸引】

只有创造与众不同的内容，才能在众多自媒体中脱颖而出，吸引更多的读者。通过深入了解读者的需求和兴趣及创作高质量的原创内容，我们可以进一步提升个性化自媒体文案的体验感和传播力，为自己的自媒体账号吸引更多的忠实读者。

（1）增加互动元素。

① 利用 ChatGPT 进行文本分析和情感判断，识别读者的兴趣和需求，在文案中设置相关的问题或投票，引导读者参与讨论和互动。

② ChatGPT 可以协助我们及时回应读者的反馈和评论，与其保持良好的互动关系，提升其信任度和好感度。

（2）注重用户体验。

① ChatGPT 可以帮助我们了解读者的需求和痛点，从他们的角度出发，提供更符合他们需求的内容。

② ChatGPT 可以绘制用户画像，分析读者的年龄、性别、兴趣等信息，从而帮助我们为读者创造更贴心、个性化的体验。

（3）内容形式多样化。

① ChatGPT 可以分析不同内容形式的特点和读者反馈，选择最适合的形式呈现我们的内容。

② ChatGPT 可以根据我们的需求生成多样化的内容，如图片、

视频、音频等，增强文案的吸引力。

（4）利用社交媒体渠道。

① ChatGPT 可以协助我们分析不同社交媒体平台的特点和用户行为，从而选择合适的平台进行推广。

② ChatGPT 可以针对不同的社交媒体平台生成相应的内容，帮助我们与其他自媒体账号进行深入合作，增强自身账号的影响力。

用户提问：

> 请你帮我分析微博、知乎、抖音、小红书这四个社交媒体平台的特点和用户行为。

ChatGPT 回答：

> 微博、知乎、抖音和小红书这四个社交媒体平台的特点和用户行为如下。
>
> 微博：微博是一个基于用户关系的信息分享平台，用户可以发布文字、图片、视频等多种形式的内容，同时可以进行关注、转发、评论等互动。微博的特点是信息更新速度快，传播范围广，用户群体广泛，涵盖了各个年龄段和职业领域。用户行为主要是浏览信息、发表观点、参与讨论等。
>
> 知乎：知乎是一个知识分享和问答社区，用户可以在平

台上提问、回答问题、分享知识经验等。知乎的特点是用户互动性强，回答质量较高，适合深度交流和思考。用户行为主要是寻找答案、学习知识、参与讨论等。

抖音：抖音是一个短视频平台，用户可以发布自己的短视频，也可以观看他人的视频并进行点赞、评论、转发等互动。抖音的特点是以娱乐内容为主，视频制作简单，适合快速消费和娱乐。用户行为主要是观看短视频、参与互动、购买商品等。

小红书：小红书是一个以分享消费经验为主的线上社区，用户可以在上面发布购物攻略、产品评测、旅游见闻等内容。小红书的特点是内容质量较高，可以为消费决策和旅游规划提供参考，用户以女性用户为主。用户行为主要是浏览内容、购买商品、收藏攻略等。

综上所述，这四个社交媒体平台各有特点，用户行为有很大的不同，运营者要根据用户群体及其需求选择合适的平台，同时要根据不同平台的特点和用户行为制定不同的策略，改进运营效果。

（以上内容由 ChatGPT 生成，未改动）

7.1.3　必须提升参与度和转化率

ChatGPT 可以针对我们的需求和提问，自动生成具有吸引力

的自媒体文案，增强文案的新颖性和创新性，吸引更多的读者，提高读者的参与度和转化率。

用户提问：

请写一篇自媒体文案，文案主题要能跟上时代，最好是现在的热点话题。

ChatGPT 回答：

标题：元宇宙，你准备好进入下一个未来了吗?

导语：元宇宙，这个曾经只存在于科幻小说中的概念，现在正以前所未有的速度进入我们的生活。现在，我们站在科技发展的十字路口，面临着全新的挑战和机遇。让我们一起探讨元宇宙的未来，创造无限可能!

一、元宇宙，名词诠释新篇章

元宇宙，英文名为 Metaverse，是一个虚拟世界的集合，由人工智能、虚拟现实、区块链等技术支持。它允许用户以全新的身份在虚拟世界中探索、创造和交流。在这个层面上，元宇宙不仅是一个游戏平台，更是一种全新的社会形态。

二、元宇宙的诞生与发展

元宇宙的起源可以追溯到 1992 年的《雨果获奖作品集》

中的故事情节。如今，随着技术的飞速发展，我们正逐步实现这个曾经只存在于想象中的概念。从最早的《第二人生》到如今的《堡垒之夜》《Roblox》，我们见证了虚拟世界的迅速发展。

三、元宇宙与当下热点结合

NFT 艺术品：近期，NFT 艺术品成了艺术市场的焦点。在元宇宙中，NFT 为数字艺术提供了独一无二的身份认证，使数字艺术品的价值得以体现。

虚拟偶像：虚拟偶像在元宇宙中大放异彩，为年轻人提供了全新的娱乐方式。例如，虚拟偶像初音未来、绊爱等受到了众多粉丝的热烈追捧。

社交互动：在元宇宙中，用户可以与他人进行实时的社交互动，通过虚拟现实技术体验沉浸式交流。

四、元宇宙的未来展望

随着技术的不断进步，元宇宙的未来充满无限可能。我们有望在元宇宙中实现完全沉浸式的体验，如同电影《头号玩家》所展示的那样。此外，元宇宙还将改变我们的社交方式、娱乐形式甚至生活方式。

结语：元宇宙，这个充满无限可能的虚拟世界正在向我们招手。我们期待着元宇宙给我们带来更多未知的惊喜。让我们一起拥抱这个全新的时代，探索元宇宙的未来！

（以上内容由 ChatGPT 生成，未改动）

ChatGPT 生成的文案选择了热门的、紧跟时代的主题——元宇宙，能够吸引读者的关注，符合当前市场的需求。该文案虽然提供了丰富的信息，但并没有明确地引导读者采取行动，如购买某种产品或服务，或者关注某个特定的网站或社交媒体账号等。如果在文案中加入一些具有引导性的元素，引导读者关注与元宇宙相关的账号或平台，可能会提高转化率。

用户提问：

请优化上述文案，提升读者的参与度和转化率。

ChatGPT 回答：

（前文同上述回答，略）

结语：元宇宙，一个充满无限可能的虚拟世界正在崛起。如果你也对元宇宙充满好奇，想要紧跟时代步伐，不妨加入我们！我们将为你提供最新的元宇宙信息、深度解析、投资建议和专家见解，让你轻松把握这个充满无限可能的领域！

在【加入我们】的链接中，你将获得更多关于元宇宙的精彩内容！不仅有最新的行业信息、深度解析和投资建议，还有专家见解和实践经验分享。在这里，你将结识志同道合的元宇宙爱好者，共同探讨这个新兴领域的发展趋势和投资机会。别再犹豫了！一起加入我们吧！让我们共同探索未知、拓宽视野，紧跟时代的步伐！

【加入我们】链接中还有更多惊喜等着你！一旦加入，你将获得独家的元宇宙投资机会，以及业内专家的一对一指导。同时，我们还将定期举办线上讲座、实战课程及互动活动，让你全方位了解元宇宙的魅力。现在就行动起来吧！加入我们，开启你的元宇宙之旅！

总结：元宇宙是当下最热门的科技话题之一，也是未来科技发展的重要方向之一。如果你想紧跟时代步伐、把握未来机遇，这篇文案将为你提供了解和参与的机会！加入我们，开启一段充满无限可能的元宇宙之旅！还等什么？赶紧行动起来吧！

（以上内容由 ChatGPT 生成，未改动）

优化后的文案通过使用"还有更多惊喜等着你"等语句，激发读者的好奇心和参与感，让他们愿意继续读下去。该文案还提供了"加入我们"链接，以便读者获取更多关于元宇宙的信息，这有利于提高转化率。此外，"加入我们"链接中还有为读者提供的惊喜福利，这可以提升读者参与互动的意愿和转化率。

【怎么转化】

在 ChatGPT 的协助下，我们可以更好地了解目标受众的需求和行为，提高他们的参与度和转化率，从而取得更好的营销效果。

（1）**了解客户需求和行为**。ChatGPT 可以帮助我们进行市场调研、用户调研、数据分析，帮助我们更深入地了解目标受众的需求和行为特征，调整和优化自媒体文案，从而提高文案的针对性和转化率。

（2）**突出核心信息**。ChatGPT 可以帮助我们分析目标受众的需求，基于分析结果在文案中突出核心信息，让目标受众更好地理解和接受我们的观点，从而提高转化率。

（3）**提供解决方案**。ChatGPT 可以帮助我们分析目标受众的问题和痛点，为他们提供个性化的解决方案，帮助他们解决实际问题，从而提高他们的参与度及转化率。

（4）**明确呼吁行动**。ChatGPT 可以通过文本分析和情感判断，帮助我们在文案中设置能引导目标受众行动的按钮或链接，从而提高转化率。

（5）**优化转化路径**。ChatGPT 可以帮助我们分析目标受众的转化路径，发现其中存在的问题并提供个性化的优化建议，从而提高转化率。同时，ChatGPT 可以协助我们测试不同的转化路径，找到最佳的转化方式。

7.2　打造 IP：利用 ChatGPT 创作个性化自媒体文案

7.2.1　利用 ChatGPT 收集数据和分析需求

数据收集和需求分析是决策者深入了解问题、识别趋势、优化资源分配、改进产品与服务、预测未来需求和绩效的重要手段。

用户提问：

　　我想在小红书平台上运营账号，你可以帮我分析现在小红书平台上最受欢迎的是哪些类型的内容吗？

ChatGPT 回答：

　　在小红书平台上，目前最受欢迎的内容包括以下几类。

　　（1）干货分享。这类内容通常强调实用性，能够满足用户的实际需求。例如，一些关于时间管理、学习技巧、化妆教程的干货分享，往往能够获得很高的关注度和转发量。

　　（2）生活 Vlog。这类内容以日常生活记录为主，展示了作者的日常生活和工作，能让观众看到其最真实的一面。同时，这些视频中往往会穿插一些实用信息，如旅游攻略、美食推荐等。

　　（3）美妆。这类内容以化妆技巧、护肤经验等为主。由于美妆产品更新换代快，而且每个人的肤质和需求不同，这类内容往往具有很高的实用性和针对性，受到很多用户的青睐。

　　（4）穿搭。这类内容以作者对时尚的理解和搭配技巧为主，通过展示不同的穿搭风格来吸引粉丝。

（5）美食。这类内容以各种美食的烹饪技巧、食材选择、餐厅推荐等为主。作者通过分享自己的美食体验吸引粉丝，还能给一些餐饮商家带来广告效应。

（以上内容由 ChatGPT 生成，有删节）

ChatGPT 的回答对目前小红书平台上最受欢迎的自媒体文案类型做了概述，还进行了解释和举例。这类自媒体文案确实在小红书平台上非常流行，因为它们满足了用户在某个方面的具体需求，有些是生活方面的，有些是娱乐方面的。另外，我们还可以向 ChatGPT 提问，让它分析反馈信息。

用户提问：

我需要收集用户对我们新推出的电竞椅的使用反馈，请帮我生成一组调查问题。

ChatGPT 回答：

当你需要收集用户对新推出的电竞椅的使用反馈时，可以使用下面这组调查问题。

您对我们新推出的电竞椅的整体印象如何？

在使用电竞椅后，您是否感到更舒适？

您在电竞椅上的坐姿和体验如何？

电竞椅的质量和耐用性是否符合您的期望？

您认为电竞椅的设计和外观如何？

电竞椅的可调性能否满足您的需求？

您是否发现电竞椅对您的电竞体验产生了积极影响？

您认为电竞椅的哪些功能需要改进？

您是否愿意向朋友或其他玩家推荐这款电竞椅？

您是否愿意在社交媒体或论坛中分享您的体验？

这些问题涵盖了用户对电竞椅的整体印象、舒适性、质量、设计、可调性等方面的反馈。通过收集和分析这些回答，你可以更好地了解用户对产品的看法，并找出改进的机会。

（以上内容由 ChatGPT 生成，未改动）

【怎么转化】

将 ChatGPT 收集的数据和需求转化为个性化自媒体文案的素材，需要经过一系列步骤，包括数据收集、需求分析、文本生成和评估调整等。

（1）**数据收集**。

① 明确我们需要哪些数据。这些数据可能包括目标受众的年龄、性别、职业、兴趣等，也可能包括竞争对手的营销策略、产品特点等，还可能包括产品特性、优势甚至行业趋势。

② 我们可以通过各种途径和手段收集这些数据，如调查问

卷、用户行为分析、社交媒体趋势分析等。

（2）需求分析。

① 明确我们希望通过自媒体文案实现的目标，如提高品牌知名度、吸引新客户、促进销售、提供售后服务等。

② 了解目标受众。我们需要知道他们的兴趣是什么，他们最可能从哪里接触到我们提供的信息，他们的购买行为和决策过程是怎样的。

③ 确定写作风格，这可能取决于我们的个人 IP、目标受众的喜好等。

（3）文本生成

① 使用 ChatGPT 生成自媒体文案。我们需要为 ChatGPT 提供足够的提示信息，以便它理解我们的需求并生成符合要求的文本。

② 我们可以让 ChatGPT 生成一些文案，然后从中挑选最符合我们需求的版本。

（4）评估和调整

① 根据性能指标评估文案的质量，如准确度、精确度等。

② 如果对 ChatGPT 生成的文案很满意，就直接使用；如果不满意，可以手动调整和修改，如调整用词、句式结构，甚至对内容进行增删修改等。

7.2.2　利用 ChatGPT 创作自媒体文案

自媒体文案按照内容和表达方式可以分为资讯体、干货体、故事体等不同类型，如表 7-1 所示。

表 7-1　自媒体文案的类型

类型	具体说明	特点
资讯体	以传递信息为主要目的，多包含客观事实和数据等，因此又被称为"消息体"	通过简明扼要的文字向读者介绍最新的情况和热点事件
干货体	又被称为"经验分享体"或"知识分享体"，主要通过分享个人经验、知识和见解来吸引读者	以实用性、权威性和独特性为特点，能够为读者提供实际帮助或解决问题的思路
故事体	又被称为"叙述体"或"自述体"，主要通过讲述个人经历、情感故事、虚构情节等来吸引读者	以情感共鸣、细节丰富和想象力为特点，能够给读者带来启发和感动

用户提问：

我想在知乎上分享科技领域的干货，我可以选择哪些话题？

ChatGPT 回答：

在科技领域，你可以选择以下话题写干货分享类文章。

人工智能与机器学习：这是当前科技领域的热门话题之一。你可以探讨机器学习的基本原理、人工智能的应用场

景、深度学习的最新进展等。

区块链与加密货币：区块链技术是近年来科技领域的热门话题之一。你可以分享区块链的工作原理、未来发展趋势等。

5G 与物联网：5G 技术和物联网是未来科技发展的重要方向之一。你可以讨论 5G 的应用场景、物联网带来的安全挑战及车联网等热门话题。

前端开发与后端架构：作为软件开发的两个重要方向，前端开发和后端架构也是科技领域的热门话题。你可以分享前端框架、UI/UX 设计、后端架构技术等干货。

生物信息学与生物技术：这个领域涉及生物信息学的研究及相关的生物技术应用。你可以探讨基因编辑、免疫疗法、人工智能在生物医学中的应用等。

硬件与芯片：你可以分享关于最新的处理器架构、芯片设计技术、量子计算等硬件和芯片方面的知识。

网络安全：网络安全问题日益受到重视。你可以分享网络攻击、数据保护、加密通信等网络安全方面的知识。

计算机视觉：该领域研究的是如何让计算机具有像人一样的视觉能力。你可以分享计算机视觉应用、最新算法和技术等内容。

自然语言处理：这是一种让计算机理解和处理人类语言的能力。你可以分享自然语言处理的基本原理、应用场景等内容。

（以上内容由 ChatGPT 生成，未改动）

ChatGPT 生成的回答指出了科技领域干货文章的热门话题，我们可以根据自己的兴趣和专业知识选择最合适的话题。这些话题都是当前科技领域的热门话题，具有较高的关注度，围绕这些话题创作内容有助于吸引读者，增强内容的可读性和影响力。

用户提问：

请围绕计算机视觉这个话题，写一篇干货分享类文章，要能引起读者的兴趣。

ChatGPT 回答：

计算机视觉：从原理到应用

当我们拍照、刷短视频或进行在线购物时，我们常常会碰到这样的问题：如何让计算机理解我们看到的内容？如何让计算机像人一样看世界？这就涉及我们今天要深入探讨的主题——计算机视觉。

计算机视觉是一门研究如何让计算机获取、理解和解释视觉信息的科学。它涉及多个领域，包括图像处理、机器学习、模式识别等，它为人工智能的发展提供了强大的支持。

一、计算机视觉的基本原理

计算机视觉的基础是图像处理。图像处理包括图像的获取、预处理、特征提取和分析理解。其中，图像的获取可以是数字的或模拟的，也可以是实时的或静态的。预处理包括图像的增强、滤波、去噪等，其作用是改善图像质量。特征提取是关键的一步，它涉及颜色、纹理、形状等特征的提取，供计算机后续进行分析和理解。

二、计算机视觉的主要应用

人脸识别：这是计算机视觉的主要应用之一。通过图像处理和模式识别技术，计算机可以识别人脸特征，包括面部特征、面部表情等，从而实现身份认证和安全控制等目的。

物体检测：物体检测是计算机视觉的一个重要应用，其作用是检测出图像或视频中的物体，并对其进行定位、分类和跟踪。例如，在智能驾驶中，物体检测技术可以帮助车辆自动识别行人、车辆和其他障碍物，从而保障行车安全。

图像分析：图像分析是指从图像中获取有用的信息，并进行解释和表达。它可以应用于医学影像分析、产品质量检测等领域。例如，在医学影像领域，图像分析技术可以辅助医生识别病变并进行诊断和治疗。

（以上内容由 ChatGPT 生成，有删节）

【怎么表达】

写一篇高质量的干货分享类文章需要具备良好的语言表达能力，采用通俗易懂的行文风格，还要注意文章的排版和视觉效果，让读者在轻松愉悦的阅读过程中获得有价值的信息，以下是表达方面的一些技巧。

（1）标题要简洁明了。标题是吸引读者注意力的关键，必须简洁明了，要能清晰地表达文章的主题或核心内容。

（2）引言要引人入胜。引言是干货分享类文章的开场白，一定要引人入胜，能够引起读者的兴趣并引导他们继续阅读。我们可以运用故事、疑问句式或强调语句等吸引读者的注意力。

（3）内容简明扼要。干货分享类文章要将核心内容呈现给读者，避免长篇大论，力求简明扼要。我们可以运用列表、分段等手法分割内容，使内容更易于阅读和理解。

（4）结尾要有价值。干货分享类文章的结尾是至关重要的，一般应总结文章的核心内容，并提供一些有价值的内容。我们可以在结尾提供解决方案、建议或相关资源链接，让读者在阅读完文章后有所收获。

（5）语言要通俗易懂。干货分享类文章的内容应该通俗易懂，避免使用过于专业或复杂的术语，以便让更多的读者理解内容。

（6）排版要清晰美观。清晰美观的排版能让读者更好地理解文章的内容。我们可以运用段落、列表、标题等来区分各部分的内容，使文章更具可读性。

用户提问：

我觉得这篇文章的引言对读者的吸引力不足，请改写。

ChatGPT 回答：

当你在网上购物时，你是否想过计算机是如何理解你看到的商品图片的？当你使用社交媒体时，你是否想过计算机如何自动识别并将你分享的照片中的人物和物体分类？这些都离不开计算机视觉技术的支持。那么，计算机视觉到底是什么呢？它又是如何影响我们的生活和工作的呢？今天，就让我们一起探索计算机视觉的奥秘。

（以上内容由 ChatGPT 生成，未改动）

7.2.3 利用 ChatGPT 提升自媒体文案的展现力

提升自媒体文案的展现力至关重要，因为只有吸引目标受众并使他们保持兴趣，增强其互动性和忠诚度，才能建立强大的 IP，获得更多的广告和合作机会，在竞争激烈的自媒体领域取得成功。

用户提问：

我在今日头条有一个账号，专门分享一些体育运动领域的热点消息，但是点击率一直不高，我应该怎么提升文案的展现力？

ChatGPT 回答：

在今日头条上提升体育运动领域热点消息类文章的展现力，可以考虑以下几种策略。

（1）明确目标受众。明确目标受众有助于确定分享哪些内容和话题。例如，如果您想吸引喜欢足球的读者，那么您可以选择一些与足球相关的话题。

（2）选择热门话题和事件。关注当前的体育热点话题和事件，如大型赛事、重要球星动态、体育政策等，结合这些话题和事件来创作内容，提高被关注的概率。

（3）深入解析热点话题。当一个热点事件发生时，您可以深入解析该事件的前因后果、影响和各方反应等，这可以让您的内容更有深度和说服力，吸引更多的读者。

（4）提供独到见解。在体育领域，各种事件和比赛结果往往受到很大的关注，您可以提供自己的独到见解和预测，为读者提供不一样的视角。

（5）使用生动、有趣的文字。尽可能使用生动、有趣的文字来描述体育事件，这可以增强内容的吸引力，更有效地吸引和留住读者。

（6）高质量的图片和视频。使用高质量的图片和视频，可以让您的内容更加生动形象，改善读者的阅读体验。

（7）合理使用标签。在发布内容时，合理使用相关的标签可以提高内容在搜索引擎中的排名，增加内容被读者发现的可能性。了解常见的标签及其含义和作用，并正确地使用它们，可以提高文章的可见性。

（8）与其他自媒体或媒体合作。寻找与您内容相关的其他自媒体或媒体进行合作，互相宣传并分享内容，这不仅可以给您带来新读者，还可以提高您的知名度。

（9）关注社交媒体。除了今日头条，尝试在其他社交媒体平台上分享内容，如微博、微信公众号、抖音等，这可以让更多的人看到您的内容，从而提高内容的点击率。

（以上内容由 ChatGPT 生成，有删节）

【怎么展现】

要想提升自媒体文案内容的展现力，我们就要不断地尝试、学习，从多个方面入手。

（1）**图文结合**。在文案中加入适当的图片和图表可以增强内容的吸引力和可读性。图片和图表可以直观地传达信息，帮助读者更好地理解和记忆内容。例如，我们可以在解释复杂的概念时配上简单的图表，即使是不太了解这个概念的人也能通过图表理解它。

（2）**使用数据和事实**。在文案中运用数据和事实来支持自己的观点，可以增强文章的可信度，并让读者更容易理解和接受我们的观点。例如，我们可以说"根据最新的研究，80% 的人表示使用这个产品后满意度提高了"，然后举一些具体的例子或讲述一些真实的故事。

（3）**编写有趣的故事**。我们可以讲述有趣的故事或真实的案例，将复杂的概念变得简单易懂，这样就能更有效地吸引读者。故事可以是我们的亲身经历，也可以是其他人的经历。最好的故事往往是那些能让读者产生共鸣的故事。

（4）**突出重点和亮点**。在文案中使用加粗、斜体或带颜色的文字，突出重点和亮点，让读者能够快速地找到文章的核心信息。例如，你可以用粗体字来强调一些关键词，或者用斜体字来标注一些特殊信息。

（5）**提供实用信息**。在文案中提供实用信息和解决方案，可以让读者通过文章获得实际帮助。例如，我们可以分享一些关于特定产品或服务的使用技巧，或者提供一些有关特定行业新趋势的信息。

（6）**与时俱进**。关注当前的热点事件和新趋势，结合自己的观点和经验撰写相关的文章，不仅可以吸引读者，还可以增强我们的专业性和影响力。例如，我们可以针对当前的一些热点事件发表自己的观点，或者分享一些与新趋势相关的实用信息。

第 8 章

价值百万

朋友圈文案：让你的朋友圈

8.1　朋友圈文案的"三维一体"

8.1.1　引发共鸣

要想通过朋友圈文案引发读者的共鸣，就要选择能够触动读者情感、读者有共同体验或共同感受的主题，拉近自己与读者之间的距离，增强读者的信任。

用户提问：

> 我现在需要在朋友圈推广一款智能门锁，请帮我写一篇能够引发共鸣的朋友圈文案。

ChatGPT 回答：

> 家，是我们温暖的港湾，也是心灵的庇护所。但有时候，对家人安全的担忧会让我们备感压力。现在，我有一个好消息要告诉大家，我最近安装了一款智能门锁，它给我的家带来了更多的便利和安全保障。
>
> 这款智能门锁不仅外观精美，还具备丰富的功能。首先，它支持指纹解锁、密码解锁和手机开锁三种方式，不用再担心忘记带钥匙或钥匙丢失。而且，我通过手机 App 可以随时查看门锁的使用记录和状态，远程控制门锁的开关，确保家人在我不在家时也能轻松出入。

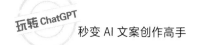

更重要的是，这款智能门锁采用先进的加密技术，安全性极高。即使面对各种黑客技术，我也能放心地在外面的世界拼搏，然后回到安全的家园。

我相信，安全是每个家庭的第一需求。这款智能门锁不仅满足了我的需求，还给我带来了很多便利。如果你也在寻找一款安全可靠、功能强大的门锁，不妨考虑一下这款智能门锁。让我们一起呵护家人，创造一个安心又舒适的家居环境吧！

如果你对这款智能门锁感兴趣或有任何疑问，请随时私信我，我非常乐意与你分享购买方式及更多的使用心得。

（以上内容由 ChatGPT 生成，未改动）

ChatGPT 生成的这段文案突出了智能门锁的安全性和便利性，试图引起读者关心家人安全的情感共鸣。此外，文案最后为读者提供了互动的机会，鼓励他们通过私信询问更多的信息，以提升其参与度。

【怎么打动】

（1）**提供观点和建议**。我们可以使用 ChatGPT 生成关于特定主题的观点和建议，帮助读者解决问题或改善他们的生活。我们可以询问 ChatGPT 关于该主题的最佳实践或针对某个情况的建议，然后将其整理成文案。

（2）**讲故事**。我们可以使用 ChatGPT 辅助创作故事，通过情节和角色来传达信息、引发共鸣。我们向 ChatGPT 提问时可以提供关于某些情境、人物或事件的描述，让其生成故事。这些故事可以吸引读者的注意力并引发他们的情感共鸣。

（3）**引发回忆和情感**。我们向 ChatGPT 提问时可以提供关于某些具体时刻、事件或者场景的描述，让其将这些描述转化为能够引发读者回忆和情感共鸣的朋友圈文案。这样的文案能够唤起读者的记忆，并与我们建立更深层次的情感联系。

（4）**制造幽默**。我们可以让 ChatGPT 生成有趣的笑话或双关语，在朋友圈文案中加入一些幽默元素。

用户提问：

> 请写一个关于运动健身的幽默段子，让我的朋友圈文案能够引发大家的共鸣。

ChatGPT 回答：

> 当然！这是一个关于运动健身的幽默段子，希望它能引发大家的共鸣。
>
> 一位健身教练跟他的学员们说："健身就像谈恋爱，要付出真心和耐心，才能得到最美的结果。"
>
> 一位学员不服气地说："可是我谈恋爱的时候并没有像健身这么痛苦啊！"

教练听后笑了笑，说："那是因为你还没有遇到对的人！"

希望这个段子能让大家笑出声，引发大家的共鸣。如果你还有其他需求或者想要更多的幽默内容，请随时告诉我。

（以上内容由 ChatGPT 生成，未改动）

8.1.2 展现自己

朋友圈文案是展现个性与情感的窗口，一句简短的话可以传递出无限的思考与情绪。无论是分享生活点滴、展示对世界的细致观察，还是表达内心的感悟，朋友圈文案都可以成为连接你与他人的纽带。

用户提问：

我希望通过一款可以记录运动数据和监测身体健康状况的智能手表来展示我的个人生活，如何以"文案＋图片"的形式在朋友圈呈现呢？请举例。

ChatGPT 回答：

当展示个人生活并推广一款智能手表时，您可以通过文案和图片吸引微信好友的关注。以下是一个示例。

文案：生活就是不断追求进步和健康的旅程。我最近发现了一个值得分享的小伙伴——智能手表。它不仅是我的运动助手，还是忠实记录每个精彩瞬间的记录员。和大家分享我和它的点点滴滴，让我们一起活出更好的自己吧！

图片：在文案后面附上一张图片，展示您佩戴智能手表运动的场景，如跑步或锻炼的照片，展示手表上显示的运动数据。

（以上内容由 ChatGPT 生成，未改动）

ChatGPT 所建议的文案与图片的组合可以在朋友圈里很好地展现自己，同时突出智能手表记录运动数据和监测身体健康状况的功能特点，让读者对该产品产生兴趣。

【怎么展现】

（1）**描述场景**。我们可以寻找合适的图片或照片，向 ChatGPT 描述其中的场景、人物和感受，例如，"这张照片中的风景如何？有什么特别之处"。

（2）**图片解读**。我们可以将图片与情感、观点联系起来，询问 ChatGPT 如何解读图片，例如，"这张图片能让人产生什么样的情感？你觉得这张照片传达了哪些信息"。

（3）**文字补充**。我们可以提供一些关键词，让 ChatGPT 为图片生成相关的文案，例如，"这张照片是我在海滩上拍摄的，请为它写一段简短的文案，强调轻松和享受生活"。

（4）**形容细节**。我们可以向 ChatGPT 描述自己对图片的观察和感受，让 ChatGPT 针对图片细节进行想象，例如，"这张照片中的阳光是如何照射下来的？有没有什么有趣的人物或物体"。

（5）**故事串联**。我们可以向 ChatGPT 提供故事背景，让它基于故事背景生成文案，使图片和文案的关联性更强，例如，"这张照片是我在旅行中拍摄的，请帮我续写一段关于旅行中的有趣经历或感悟的故事"。

（6）**图文呼应**。我们可以要求 ChatGPT 为写好的文案提供配图建议，或者为已有的图片提供合适的文案，以确保图文呼应。

用户提问：

　　我在山顶上拍摄了一张落日余晖的照片，请帮我写一篇朋友圈文案，展现出我轻松自在、享受生活的人生态度。

ChatGPT 回答：

　　当我站在山顶，眺望远方的落日余晖时，心情变得宁静。那一抹温柔的橙红色，如细腻的画笔在天空舞动，仿佛为我画下一幅美丽的风景。刹那间，我深深感受到大自然的魔力，我忘却了尘世的纷扰与压力。

　　呼吸着清新的空气，我感到微风轻轻拂过我的脸庞，似乎将所有的烦恼都带走了。这一刻，我完全投入自然的怀抱，忘记了时间。我感受到内心的平静和安宁，享受着生活的美好。

站在山巅，我看到了山峦起伏，云海滚滚，仿佛置身于仙境。这里，山与天相拥，大自然将她最美丽的姿态展现给我。我仿佛成了自由的鸟儿，翱翔在蔚蓝的天际，感受到无限的自由与欢愉。

每当我看到这张照片，我就能重温当时的心境。它不仅是一张照片，更是我享受生活的见证。希望你也能找到属于自己的那片宁静与欢乐，在生活中找到美好的瞬间。

（以上内容由 ChatGPT 生成，未改动）

8.1.3　广而告之

在数字世界中，朋友圈是我们展示自己的重要舞台。我们可以通过朋友圈巧妙地宣传自己，打造个人形象。

用户提问：

我想通过朋友圈宣传自己，打造个人形象，我应该怎么写朋友圈文案，请举例。

ChatGPT 回答：

打造个人形象并宣传自己是一件重要的事情。以下是一些可供参考的朋友圈文案示例。

1. 形象定位

文案：我是一名年轻的创业者，拥有不断探索前行的勇气和决心。我对新事物充满好奇心和热情，始终坚持用最佳实践去实现目标。我的愿景是：成为行业内的领先者，影响更多的人。

图片：展示自己在工作场景中的照片或与个人形象相匹配的图片。

2. 价值观分享

文案：人生最宝贵的莫过于忠诚、信任和诚实，这些价值观塑造了我做人和做事的原则。我在签名中写道："时刻抱着一颗感恩的心，坚持做正确的事。"这也是我一直追求的目标。

图片：展示自己的正面照片，如微笑或者肃穆的表情。

3. 成功经验分享

文案：在我的职业生涯中，我学到了许多宝贵的经验，包括迎接挑战、拥抱变化和保持真诚。这些经验让我更加自信，也让我更好地帮助我的团队成员成长和发展。我相信，通过不断的努力和学习，自己一定能够取得更大的成功。

图片：展示自己在工作场景中的成功瞬间或荣誉奖项。

4. 个人爱好

文案：除了工作，我也有自己的兴趣和爱好，比如读书、旅行和健身。这些活动可以让我获得心灵和身体上的放松。另外，我还喜欢结交新朋友和探索新领域，与各界人士分享对生活的见解和体验。

图片：展示自己进行个人兴趣爱好活动时的照片，如阅读的场景、旅游的风景、锻炼的瞬间等。

（以上内容由 ChatGPT 生成，未改动）

ChatGPT 根据我们的要求提供了一些可参考的朋友圈文案，我们可以根据实际情况选用。如果我们希望宣传更深入的内容，还可以向 ChatGPT 提供个人介绍、教育背景和工作经验等信息，让它生成可以打造更加立体的形象的朋友圈文案。

【怎么宣传】

（1）**提供关键信息**。我们可以要求 ChatGPT 在生成的文案中包含关键信息，如自己的才华、特长、业务等。ChatGPT 可以为我们提供一些合适的句子。例如，我们可以问"我希望在朋友圈宣传我的写作才华，你能帮我写几段能够突出这个特点的文案吗"或"我想在文案中宣传我的烹饪技巧，你可以帮我生成一些合适的句子吗"。

（2）**强调亮点**。我们可以向 ChatGPT 描述自己最有吸引力的

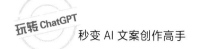

特点，让它生成一些宣传用语。例如，我们可以问"我认为我唱歌的声音很特别，你能帮我拟一些吸引人的宣传用语展示这个优势吗"或"我的摄影作品具有独特的视角，你可以帮我写一些能够突出这一点的句子吗"。

（3）**制作口号或标语**。我们可以与 ChatGPT 互动，共同设计简洁而富有吸引力的口号或标语，以准确地传达我们想要宣传的信息和品牌形象。例如，我们可以问"我需要一个简洁而有吸引力的口号来宣传我的健身教练业务，你有什么建议吗"或"我希望设计一个标语来宣传我制作的手工艺品的独特之处，你能提出一些创意吗"。

（4）**叙述故事**。我们可以向 ChatGPT 提供一些关于自己的真实经历，让它生成有趣、感人或有启发性的故事，激发读者的兴趣和好奇心。例如，我们可以问"我想通过一个真实的故事来宣传我的旅行经历，你能帮我生成一个引人入胜的故事片段吗"或"我想通过一个动人的故事来展示我在社区服务方面的贡献，你可以帮我构思一个有感染力的情节吗"。

（5）**确保文案连贯性**。我们可以让 ChatGPT 帮助我们检查和修改文案，确保语句通顺、逻辑清晰，并保持一致的风格。例如，我们可以问"我写了一段关于自己创业历程的文案，你能帮我检查一下语法和流畅度吗"或"请帮我修改我写的宣传文案，使其风格和语气保持一致，并确保逻辑清晰"。

用户提问：

> 我想通过一个真实的故事来宣传我的旅行经历。在这次旅行中，我遇到了一位放下工作、独自骑行的名人，你能帮我写一个引人入胜的故事片段吗？

ChatGPT 回答：

当然可以！以下是一个引人入胜的故事片段。

在追逐梦想的旅途中，我来到了一个风景如画的小镇。这个小镇以它的自然美景和宁静而闻名，吸引了来自世界各地的旅行者。然而，我并不知道，在这个安静的角落里，有一位名人选择放弃成功的事业，遵从内心真正的追求。

在探索小镇的过程中，我偶然遇到了一位骑着自行车穿越小镇的旅行者。他身着朴素的骑行装备，脸上带着灿烂的笑容。我被他坚毅的眼神所吸引，决定与他交谈一番。

他自称为戴维，曾是一位享誉国际的企业家。然而，在事业蒸蒸日上的时候，他突然觉得自己迷失了方向。工作的压力、金钱的诱惑，让他渐渐忘记了最初的梦想和内心真正的追求。

为了重新找回自己，戴维做出了一个令人震惊的决定：放下一切，独自踏上骑行环游世界的旅程。他相信，只有通过亲身体验大自然的魅力，以及人与人之间的真实连接，才

能找到内心的安宁和真正的快乐。

我被戴维的勇气和决心所打动。我们一起骑行穿越了小镇的每一个角落,欣赏美丽的风景,聆听大自然的声音。他分享了他的故事,告诉我他在旅途中经历的挑战和成长。在与他的交谈中,我逐渐明白,旅行不仅是探索未知的冒险,更是一次重新发现自己的机会。

与戴维的相遇成了我旅行经历中最难忘的一部分。他教会了我如何放下功利心,去追求内心真正的渴望。在告别的那一刻,他鼓励我坚持自己的梦想,无论前方的路有多么坎坷,梦想都值得追寻。

这段旅程不仅带给了我一个引人入胜的故事,更让我明白了旅行的真正意义。它不仅是追寻美景和冒险刺激,更是一个重新定义自我的机会。从那以后,我决定将这段故事传播出去,鼓励更多的人勇敢地挣脱束缚,追随自己的内心。

故事的结局或许还有很多变化和发展,但与戴维的相遇将永远留在我的心中,激励着我继续朝着梦想前行。

(以上内容由 ChatGPT 生成,未改动)

8.2　展现自我：利用 ChatGPT 创作能彰显"我就是我"的朋友圈文案

8.2.1　利用 ChatGPT 创作引人关注的朋友圈文案

一条引人注目的朋友圈文案，往往能引发好友的共鸣，收获无数的点赞和评论。ChatGPT 可以帮助我们生成引人关注的朋友圈文案，帮助我们量身打造令人眼前一亮的内容，让我们的朋友圈内容精彩纷呈。

1. 创作带货类文案

用户提问：

> 我需要在朋友圈介绍一款适用于运动场景，拥有高品质音质和强劲低音，采用防水、防汗设计的运动耳机，请帮我写一篇引人注目的朋友圈文案。

ChatGPT 回答：

> 引爆运动激情，盛夏不凡！我最近发现了一款绝对不能错过的运动耳机——震撼音浪！
>
> 它给你带来了超乎想象的高品质音质，无论是悠扬的旋律还是激烈的鼓点，每一个音符都如同注入灵魂般给你带来纯粹的震撼。强劲的低音能让你身临其境，感受到每一拍心

跳的力量!

这款运动耳机还采用了防水、防汗设计，让你在运动过程中尽情释放汗水的同时享受到清澈的音质。无论跑步、健身还是户外运动，它都能始终陪伴你，让你畅快淋漓地投入运动。

此外，这款运动耳机还具备舒适的佩戴感和极强的稳定性，不会因为频繁运动而脱落，让你专注于每一次挑战。

无论你是健身爱好者，还是热衷户外运动的探险家，震撼音浪运动耳机都将成为你的最佳伙伴! 让我们一起启程，感受音乐与运动交融的魅力吧!

快来围观并亲自体验这款匠心之作吧! 点击链接了解更多详情!

［购买链接］

（以上内容由 ChatGPT 生成，未改动）

ChatGPT 生成的这段文案巧妙地结合了运动场景和耳机的特点，用生动的词语和形象的描述，如"引爆运动激情""盛夏不凡"等词汇，吸引读者的注意，让人感受到运动的活力与激情。

2. 创作业务介绍类文案

用户提问：

我是一家厨房创意小家电制造企业的市场部经理，需要写一份企业宣传手册，向朋友圈的潜在客户展示公司的实力、产品和服务，请帮我写一篇朋友圈文案。

ChatGPT 回答：

踏入厨房，创意与美味交织，一场独特的盛宴即将开启！

我有幸向大家介绍，我们创立的厨房创意小家电制造企业——美食创意家电！

我们以创新为灵魂，以激情为动力，致力于打造独具匠心的小家电，让您在烹饪的世界中展现无限创意。无论是寻找烹饪的灵感，还是享受独特的烹饪体验，我们都能满足您的需求。

我们拥有一支充满专业知识和创意灵感的团队，他们不仅精通技术，更对美食热爱至深。我们推出的每一款产品都经过精心设计和严格测试，质量和用户体验都达到了极高的水平。您可以放心地磨炼厨艺、发挥创意，尽情展现美味佳肴的精彩！

我们的产品包括智能料理机、烘焙器具、饮品工具等，每一件都是精心打造的艺术品。不仅如此，我们还提供定制化服务，根据您的个人喜好和需求，打造仅属于您的专属厨房用具！

我们始终坚持以客户为中心，提供全方位的优质服务。无论您有任何疑问或需求，我们的团队都会耐心解答并提供专业建议，让您拥有完美的购物体验。

现在就来加入我们的美食创意家电大家庭吧！让我们一起探索烹饪的乐趣，开启美食创意之旅！请点击链接了解更多详情！

［官方网站链接］

（以上内容由 ChatGPT 生成，未改动）

ChatGPT 生成的这篇文案充分体现了该企业产品和服务的特点，从创新设计、高质量、个性定制和完美服务这四个方面向潜在客户展示了企业的优势和产品的价值。这篇文案通过生动而富有表现力的语言，让读者感受到了热情和动力，增强了读者对产品的信任。

3. 创作知识普及类文案

用户提问：

我是宠物医院的一名医生，我在朋友圈看到很多人分享自己养宠物的经验，但是有些人缺乏正确的宠物养护知识，导致宠物的健康状况不佳。因此，我想撰写一篇关于宠物养护知识的朋友圈文案，向大家普及正确的宠物养护知识。请帮我写一篇能够引起大家注意的文案。

ChatGPT 回答：

宠物养护宝典

你是否想让宠物的生活质量变得更高？你是否希望为宠物的健康保驾护航？

知道吗？宠物的健康来自于正确的养护和持续的关爱。请参考以下宠物健康秘籍，让我们一起给宠物带来幸福和健康吧！

饮食知多少：了解宠物的饮食需求，提供均衡的营养。狗狗和猫咪对食物的要求不同，选择适合它们的宠物食品。记住，营养均衡才能带来光彩照人的毛发和强壮的身体。

卫生第一位：定期洗澡、刷牙、驱虫和接种疫苗都是宠物养护的重要环节。只有帮宠物养成良好的卫生习惯，积极预防疾病，才能让宠物活力四射。

锻炼有妙招：宠物也需要运动！根据它们的品种和年龄，制订适当的运动计划。带它们散步、玩耍，激发它们的活力，带它们一起探索美好的世界。

定期看兽医：定期带宠物去兽医那里进行全面检查，及时发现潜在的问题，预防和治疗疾病。专业的兽医是宠物健康的守护神！

爱与陪伴无价：给予宠物大量的爱与关怀。陪伴它们，与它们互动，让它们感受到你的温暖。你的爱是宠物最好的药物，也是它们健康和快乐的秘密。

以上只是冰山一角，宠物养护还涉及很多方面。要想成为宠物的超级英雄，我们就要持续学习。让我们一起努力，为我们的宠物带来健康与幸福！

（以上内容由 ChatGPT 生成，未改动）

ChatGPT 生成的这段文案很好地传达了宠物养护的重要性，提供了宠物养护方面的有用信息，并以引人入胜的表达方式吸引了读者的注意力，激发了他们对宠物健康的关注。

【怎么吸引】

（1）**提供关键信息**。告诉 ChatGPT 文案主题及相关细节，如推广活动、旅行经历、特殊事件等，让 ChatGPT 明确了解我们的意图。

（2）**引起兴趣**。要求 ChatGPT 为我们提供令人兴奋或引人瞩目的开场白，包括有趣的引语、重要的问题或事实，这可以吸引读者的注意力并激发他们的好奇心。

（3）**融入情感色彩**。要求 ChatGPT 在文案中添加一些情感元素，如幽默、温暖、感激或鼓舞人心的语句，这能让我们的朋友圈文案更生动且易于引起读者的共鸣。

（4）**制造悬念**。要求 ChatGPT 写一段充满悬念或引人期待的内容，让读者想进一步了解。例如，文案中可以提及即将到来的活动或分享一个精彩但结局未知的故事。

（5）**使用多媒体元素**。要求 ChatGPT 提供一些创意，并配合图片或视频等元素，增强朋友圈文案的吸引力。

用户提问：

> 请帮我写一段有悬念且让人期待的故事，让我的朋友圈读者想要读完这个故事。

ChatGPT 回答：

> 你在一家旧书店里翻看古老的日记，第一页有一行字迹模糊但引人注目的文字："寻找永恒之门，将带你踏上无尽之旅。"这是谁的日记？永恒之门又是什么？一个未知的故事即将展开……
>
> （以上内容由 ChatGPT 生成，未改动）

8.2.2 利用 ChatGPT 提高朋友圈文案的关注度

使用 ChatGPT 辅助创作是提高朋友圈文案关注度的一种非常有效的方法。ChatGPT 可以为我们提供强大的支持，增强文案的吸引力和影响力，让我们的朋友圈文案脱颖而出，获得更多的关注。

用户提问：

"今天，我想向大家介绍一款非常实用的产品——老年健步鞋。这款鞋子专为老年人设计，拥有极佳的舒适度和稳定性，可以让老年人在散步和健步走时更加轻松自如。"

以上是我为公司新产品写的朋友圈推广文案，由于过于平淡，无法引起别人的关注，请帮我改写，要求内容新颖且吸引眼球。

ChatGPT 回答：

今天，我发现了一款让人意想不到的老年健步鞋！这款鞋子巧妙地融合了实用性与舒适性，让我们的父母或祖父母在散步和健步走的时候能感受到前所未有的轻松自如。

想知道它有哪些神奇之处吗？首先，这款老年健步鞋采用了新材料，穿一整天都能保持脚部干爽，再也不用担心老人的脚会因为潮湿而感到不舒服了。更厉害的是，鞋底有独特的防滑设计，可以应对各种路面情况，给老人全方位的保护。

这款鞋子的舒适性更是无与伦比！它的鞋面采用高级软质材料，如同肌肤一般，老年人可以轻松穿脱。而且，鞋子内置增高垫和缓冲垫，为老人的关节提供适度的支撑和缓冲，让他们在健步走的时候备感舒适。

你是否曾经为长辈的步履蹒跚而担心？这款老年健步鞋将是他们的得力助手！想象一下，夕阳下，老人在公园的林荫道上穿着这款健步鞋散步，自信而轻松，这是多么美好！如果你对这款产品感兴趣，赶快联系我们吧，让更多的老人享受这份自由与舒适！

（以上内容由 ChatGPT 生成，未改动）

ChatGPT 生成的这段文案使用了新颖的表达方式，通过强调产品特性、增加情感元素和引导读者行动等手法，使文案更具吸引力和感染力。

【怎么提升】

（1）**开放性问题**。我们可以使用开放性问题来启动与 ChatGPT 的对话，例如，我们可以问"你能帮我写几段能够吸引好友关注的朋友圈文案吗"。

（2）**主题具体化**。我们可以向 ChatGPT 指定我们希望在朋友圈文案中体现的特定主题或情境，获得更有针对性的建议，例如，我们可以问"我需要一些有趣的、独特的、与旅行相关的朋友圈文案，你有什么建议"。

（3）**请求创意和建议**。我们可以让 ChatGPT 提供创意和建议，并根据自己的需求进行调整和修改，例如，我们可以问"我想通

秒变 AI 文案创作高手

过朋友圈推广一款新产品，你能提供一些关于朋友圈文案的创意或建议吗"。

（4）**针对特定场景或目标群体**。我们可以向 ChatGPT 指定我们想要吸引的目标群体，以获得更有针对性的建议，例如，我们可以问"如何在朋友圈文案中展示我的新技能，以吸引其他专业人士的关注"。

用户提问：

我想展示自己刚刚做的拿手菜，请为我生成一些文案，这些文案要能吸引对美食感兴趣的朋友留言。

ChatGPT 回答：

1. 今天突发奇想，尝试了传统家传菜谱，终于成功做出了一道拿手菜！看起来就是一道艺术品，忍不住分享给对美食感兴趣的朋友们，有没有人敢来挑战一下？

2. 刚刚完成了一道拿手菜，色香味俱佳，真的让我停不下来！如果你同样热爱美食，就快来感受这份满足吧！留言告诉我你是否也有类似的拿手菜！

3. 有时候，最好的享受就是亲自下厨，用心制作一道拿手菜。刚刚的功夫菜真的让我自豪，每一口都带着家的味道

236

和对美食的热爱。喜欢美食的朋友们，你们有什么拿手菜值得炫耀一下吗?

（以上内容由 ChatGPT 生成，未改动）